广东商道

破译百年老店文化密码

南方日报◎主编

南方日报出版社
NANFANG DAILY PRESS
中国·广州

图书在版编目（CIP）数据

广东商道 ：破译百年老店文化密码 / 南方日报编. — 广州 ：南方日报出版社，2014.12
ISBN 978-7-5491-1200-5

Ⅰ. ①广… Ⅱ. ①南… Ⅲ. ①老字号－研究－广东省Ⅳ. ①F279.276.5

中国版本图书馆 CIP 数据核字(2014)第 279160 号

广东商道 ：破译百年老店文化密码

著　　者：南方日报
出版发行：南方日报出版社
地　　址：广州市广州大道中 289 号
电　　话：（020）87373998-8502
责任编辑：刘志一　郑　颖
装帧设计：劳华义
责任技编：王兰
责任校对：阮昌汉
经　　销：全国新华书店
印　　刷：广东信源彩色印务有限公司
开　　本：889mm×1194mm　1/16
印　　张：15
字　　数：220 千字
版　　次：2014 年 12 月第 1 版
印　　次：2014 年 12 月第 1 次印刷
定　　价：48.00 元

投稿热线：（020）87373998-8503　读者热线：（020）87373998-8502

网址：http://www.nanfangdaily.com.cn/press　http://www.southcn.com/ebook

发现印装质量问题，影响阅读，请与承印厂联系调换。

目录

前言

破译文化密码
擦亮百年老店“金字招牌”

自秦汉开通海上丝绸之路，广东商道便源远流长。独特的岭南商业文化，开放、务实、兼容求新的粤商精神，滋润培育出众多百年老店。这些百年老店历经岁月的洗礼而愈发散发光彩，它们的经营之道、成长基因和文化传承，既与中华传统文化一脉相承，也与当前的社会主义核心价值观紧密呼应。

从2013年12月26日起，在广东省委宣传部指导下，南方日报集中骨干力量，策划推出了《广东商道•破译百年老店文化密码》大型系列报道。这组报道选取了以“中华老字号”为主的20家广东百年老店典型代表，以鲜活的故事、深入的访谈和专业的分析，集中对其发展历程进行梳理，深入挖掘和总结了广东百年老店过人的经营之道和优秀的文化基因。

在长达半年多的时间跨度里，南方日报以每周一个彩色整版的节奏，陆续刊发了23期报道。在20期企业报道中，除主稿“解码”篇外，还配以“掌柜言”“上河图”“街坊议”“威水史”及“论道”等栏目。

其中，“掌柜言”展示了当下这些老字号掌门人的思考和企业的最新动向；“上河图”则以形象的特写展示这些百年老店古时今日的风采；“街坊议”通过一些老主顾和见证者之口，讲述这些百年老店的经营之道，从侧面反映老店的经营理念；“威水史”以时间为轴，记录百年老店曾经的荣耀与辉煌；“论道”则是全篇的点睛之处，通过采访专家学者并结合记者观察，以简短的文字，道出由百年老店引发的思考，并提出对企业乃至相关行业未来发展的建议等。

与此同时，南方报业传媒集团和南方日报社还联合广东省老字号协会等机构，共同举办了两场百年老店座谈会，对百年老店的文化传承和未来发展进行深入研讨。围绕报道的老字号企业故事与座谈会，南方日报还制作了多个微访谈视频、一部主题宣传片在南方网推出，网址以二维码形式刊发在报纸版面上，实现了线上线下互动的全媒体立体传播。

广东省委宣传部副部长、省精神文明办主任顾作义曾对上述系列报道给予高度评价。他指出，该组报道作为省委宣传部去年组织的广东历史文化系列报道之一，亮点多，有深度。“特别重要的是，这组报道还把广东人敢为人先、诚实守信、遵纪守法、达济天下的商业精神和商业文明进行了深度的阐述，是对广东商业文明一次很好的总结。”

系列报道推出后，读者也反响强烈，掀起了一波社会各界对广东百年老店的关注热潮。而这一系列重磅报道，更是直接促成了“2014中华老字号博览会暨旅游嘉年华”首次落地广东。

该博览会汇集全国众多的知名老字号品牌，是名副其实的全国性老字号行业盛会。其中，在广东地区老字号展团中，共有80家老字号企业参展，约占广东老字号企业总数的70%，包括皇上皇、致美斋、趣香、王老吉、陈李济、敬修堂、莲香楼、陶陶居、鹰金钱等。

在该展会开幕当天，在广东省商务厅指导下，南方报业传媒集团、中国商业联合会中华老字号工作委员会联合主办了“百年老店发展座谈会暨第二批‘广东老字号’授牌大会”，来自政府、老字号行业协会、优秀老字号企业的官员、专家、业内精英济济一堂，纵论中华民族企业可持续发展的长远之道，挖掘百年老店文化内涵，探寻百年老店发展方向。

与会人士普遍认为，这一系列报道不仅深入挖掘、分析和破译了这些广东老店历经百年风雨依然屹立的文化密码，也为传播广东商道，弘扬社会主义核心价值观，提供了很好的范例，并为更多广东企业如何应对时代挑战，不断做大做强，打造了一个让专家学者、业界人士共同探讨的良好平台。

在系列报道和落地活动取得巨大成功的基础上，此次将系列报道结集后重新进行梳理并成书出版，并不仅仅是为了给历史留下一份珍贵的底稿，也是希望能通过给这些广东的知名老字号企业树碑立传，给广大的读者提供一个“往回看”和“往前看”的机会——既从老字号的发展历史里寻找中华优秀传统之根，更在回望历史的同时深入探究百年老店如何与现代企业制度、现代科技接轨的问题，使老字号企业重新焕发生机活力，在新的起点上走向世界。

第一篇

总论

广东老字号面面观

2006年12月，国家商务部公布了第一批获得“中华老字号”称号的企业名单。在434家上榜企业中，“粤”字号企业占了22家。此后，国家商务部和广东老字号工作委员会，分别先后公布了第二批“中华老字号”和第一批、第二批“广东老字号”名录。截至目前，共有57家广东企业获得了“中华老字号”的称号，“广东老字号”企业也达到了120家之多。

历史

百年老店见证粤埠近代繁荣

在“广东老字号”长长的榜单里，不少老字号都具有上百年历史。年代最久远的是来自梅州兴宁的“珍珠红酒”，可追溯到明代的1516年。这些老字号背后大多都“有段古”，“珍珠红酒”据说就与明代江南才子祝枝山有关，该酿酒绝技在其任职兴宁知县时传入。此外，设于广州的陈李济药厂、致美斋酱园也都有超过400年的历史。

论比例，则以清代与民国年间创立的老字号数目最多，超过半数。这与岭南地区社会、经济步入繁荣的步伐相呼应。这些企业大多分属医药、餐饮、食品加工等门类，与市民生活关系密切，是近代城市文化兴起的最佳见证。进入20世纪50年代后，老字号企业再次呈现扎堆出现的“小高潮”。然而，与前者不同的是，这一时期创立的不少企业都与工业制造相关，如珠江钢琴、锦泉眼镜等。它们都是共和国建立初期轻工业得到恢复发展的真实写照。

地域

老字号“扎堆”珠三角

广东老字号的地域分布格局也呈现出鲜明特色，大部分品牌都集中在经济相对发达的珠三角地区和潮州、汕头等粤东城市。在57家荣获“中华老字号”称号的广东企业中，广州的企业就多达35家，占到总数一半以上，表现出广州作为省会城市在工商业方面长期以来的领军地位。

除省会广州，也有不少老字号落户在珠三角地区。佛山、中山、东莞各城市几乎都有自己的著名品牌，如佛山的九江酒厂、中山的咀香园等。在珠三角之外，位于粤东的潮汕地区也是老字号较为集中的区域之一，这与潮汕地区较早开埠带来的浓厚商业氛围不无相关。

而在粤西北地区，老字号企业的数量和种类虽然相对缺乏，但也有一些品牌正在全国市场崭露头角，阳江十八子就是其中一个范例。

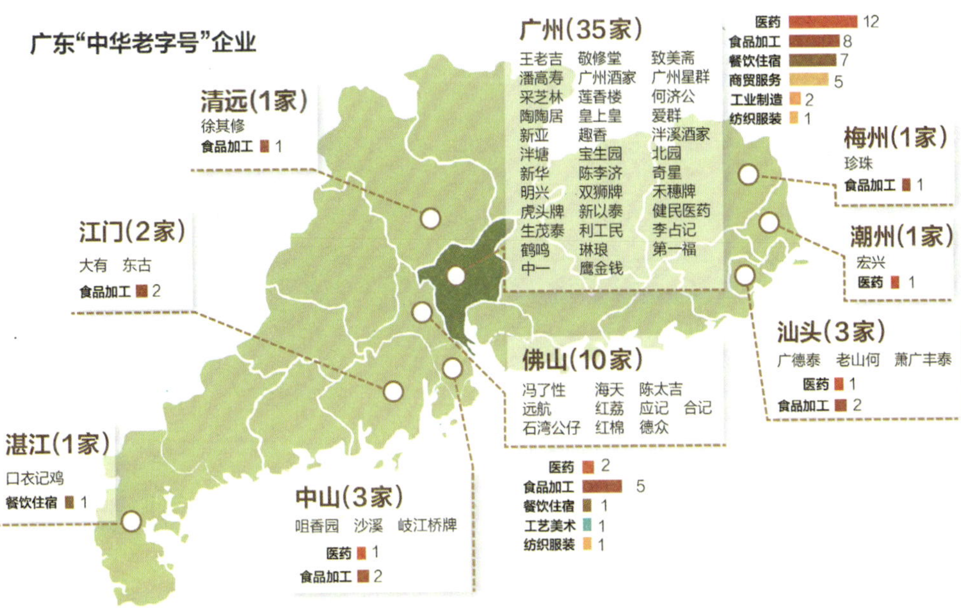

行业

南药及粤菜品牌老字号最多

在行业构成方面，广东老字号品牌以医药、食品、餐饮行业的优势最为明显。单以首批入选“中华老字号”的广东企业为例，医药行业的比重就占40.9%，食品和餐饮行业的比例更是达到59.1%之多。

“南药”文化的繁荣其来有自。早在秦始皇统一百越时，中原的中医药文化开始传入岭南，到明清时期岭南更是名医辈出，逐步形成具有本地特色的中医流派，也因而产生了陈李济、敬修堂、潘高寿、采芝林这些著名的药业品牌，至今仍保持旺盛的生命力。

正所谓“食在广州”，广东餐饮老字号也是岭南饮食文化的一个重要组成部分，包括陶陶居、莲香楼、泮溪酒家、广州酒家等，他们大多将岭南的饮食文化、园林文化、建筑文化有机地融为一体，引领粤菜文化一时风潮，也成为广东文化的重要地标。

此外，作为和粤菜密不可分的调味品，出品酱料类的老字号也在榜单中占有不小的比重，广州的致美斋、鹤山的东古、新会的大有，都是为当地民众耳熟能详的知名品牌。

文/杨逸　许舒婷

以今观史：友善、诚信、敬业

独特文化基因让诸多广东老店得以延续百年辉煌并与时俱进

回看持续推出半年多的《广东商道•破译百年老店文化密码》系列报道，传承百年的老店背后，都有一种共同的文化基因：友善、诚信、敬业。

这些传承至今的基因，既与岭南传统文化一脉相承，也与社会主义核心价值观中公民个人层面的价值准则“爱国、敬业、诚信、友善”高度契合。

这种基因的本质，是广东特色的商业道德观念，或者说是一种态度：对待顾客，总是充满感情，时刻不忘济世救人的友善之心；对于企业文化，普遍讲究诚实守信，强调用良心打造口碑；对于生产经营，始终务实敬业，却也不乏改进的变通之心。

正是因为处处不忘友善、诚信与敬业，方才铸就了众多广东百年老店的辉煌与成就。

友善

以客为友济世为怀　思利及人让利得利

没有道德、只讲利益的企业，是存活不了太久的。道德观作为企业文化中最重要的元素之一，一直都是很多现代企业所强调的企业文化内容。

事实上，广东很多百年老店，也都讲求“人道”，经营并不纯粹为了赚钱。在商业追求之外，他们追求更多的是伦理道德的平衡。这也是大家信任百年老店的原因——因为“老店总是使人放心”。

在很多老字号的经营者眼里，顾客不是上帝而是人，是自己的朋友和亲人。“对客人要像对朋友一样。”这是广州酒家前服务总监王顺美的一句口头禅。“有客人喝醉了，说话很大声，还吐了一地。我们的服务员不会有嫌弃的表情，而是端上一杯热茶、递给他一条毛巾。”

白话中有“益街坊”的说法。对这些百年老店而言，街坊们来到店里，是对他们的帮衬。他们也因为这种信任，更应该具有回报街坊、回馈社会的责任。因这样的理念所形成的商家与顾客之间的相互信任的和谐关系，是百年老店能走到今天最基本的文化基因。

仁者爱人，仁者济世为怀。广东诸多百年老店，在其漫长的经营岁月里，都一直秉承着这样的理念，承担着他们的社会责任。

存在了400多年的陈李济，店铺门前的人行道上一直都设置茶缸，免费为广州街头的挑担、拉车苦力供应茶水。陈李济也一直坚持一条铺规：遇上门前晕倒的饥民、难民，伙计必然要出门施药营救。因为济世，陈李济的陈皮“只送不卖”，同时还愿意花重金进口消防车，为街坊义务救火。

李锦记创始人李锦裳在珠海开茶寮时，就常为周围生活艰难的渔民提供饮食。有些渔民出海打鱼一去不回，每逢岁末年关时，他都会将记录那些渔民赊欠的账单烧掉，不让债务留给渔民的下一代。

这并非故意讨好。这些老掌柜在进行经营时，也没有被人灌输多少公益与社会责任的概念，各种朴素善举背后，是他们认定的作为商家应具的一种心态：思利及人。只有让利，方能得利。

诚信

以诚相待品质第一　不惜工本安全放心

人无信则不立，商无信则无利。作为传统儒家文明浸淫下的诸多广东百年老店，即便对于西方文化的“契约精神”理解没有那么透彻，却将从传统道德延伸出来的诚信发扬光大。

根据宝生园总经理徐晓宇的理解，这种诚信体现在三个方面：“一是诚心对待自己的消费者；二是以诚信要求自己的员工；第三，则是对整个社会的诚信。”

诚心对待消费者，这一点很容易理解，广东的百年老店在这方面也有着无数的案例经典。比如王老吉早年那句“老老实实王老吉”的广告语就是明证。这也是许多百年老店的基本原则和企业宗旨：做人做事都老老实实。

由于历史原因，存活至今的广东百年老店，主营医药、食品和餐饮领域的最多。其中，以济世救人为己任的医药老字号，大多都极为讲究“古方正药”，恪守“炮制虽繁必不敢省人工，品味虽贵必不敢减物力”的古训，即便遇上药材涨价，也决不以次充好。

》中华老字号匾

食品和餐饮老字号，则时时将食材的安全摆在首位，为此不惜工本。20世纪80年代，李锦记首次尝试贴牌生产酱油。第一批货出口到海外，有经销商和消费者反映质量不稳定。李锦记立刻将300多万元货物紧急召回，并支付赔偿。尽管已经过去40年，这件事至今仍被李锦记当家人铭记，此后也再未选择贴牌生产。

所谓“顾客就是衣食父母”，在广东百年老店的负责人眼里，并不是一句恭维的空话。也正是因为对顾客的诚信，哪怕外界环境发生变化，百年老店依然有着生存的根基。

比如，其他品牌月饼不停地打折，广州酒家的月饼价格却一直坚挺。因为食客们早就知道，这里的月饼“莲子要在最好的基地生产，采购的鸭蛋要去基地看鸭吃的什么饲料，鸭蛋的大小也有要求，同时还要检测咸鸭蛋里的含油量……”所以，大家选择百年老店，买的不仅仅是商品，更是一种放心。

对员工要求诚信，则会在公司内部形成一种良好的文化氛围，进而通过一代代的员工，自发地将百年老店的文化精髓传承下去。由这样的人组成的百年老店，才会始终把产品和服务的体验放在首位，坚持繁琐费力却能保证品质的传统工艺。

比如利工民的汗衫，就经常收到国外华侨的订购电话。包括东南亚在内，很多地方的人都喜欢他们的汗衫，因为“吸汗的同时也不沾身”。要达到这种效果，靠的是专门为热带地区人们出汗比较多而开发的传统工艺，30多个工序才能够出布。而为减少毛头的刺扎感，利工民更是坚持用传统的物理方法去掉棉纱绒毛而非用化学工艺烧毛。

敬业

低调敬业以情留客　金字招牌越擦越亮

粤商向来以低调务实而著称，在这些不爱高谈阔论、意气相争的老店经营者眼里，“敬业”是他们对自己、对员工的一致要求。因为只有真正做到敬业，才能提供优质的产品、优异的服务，才能赢得顾客的好口碑，从而传承数个世纪而不衰。

在李占记负责人陈惠萍看来，作为一家以维修钟表为主营业务的百年老店，他们能够得到一代又一代的广东人认可，就是因为店里一直存在着严格的招工规定：收取员工时，考核的基本条件就是“技术不硬、嗜好不良、上进心不强之徒一概不收”。

类似的规定在其他百年老店也有，比如致美斋就规定，上铺后聚赌、饮酒、宵夜、闲谈，甚至工人无事出街过夜、带家属进入场店等行为，都在禁止之列。这样的要求，使得这些百年老店的一代代员工大多是些勤恳认真、忠厚良善之人。

就如2000年宝生园搬迁，在店里工作了30多年的退休员工豪哥主动要求在北京路口设立的临时摊位上“站岗”，一直坚持了半年，就是为了将搬迁消息告诉老主顾们，免得大家白跑一趟却买不到宝生园的蜂蜜。

这样的情感故事在一众百年老店里几乎每天都在发生着。久而久之，许多百年老店的员工与顾客之间，早已形成了浓厚的情感。正是靠着情感的纽带，顾客们对于这些百年老店的信心才能越发坚固。

敬业的另一面，则是在技艺上的精益求精，经营上的求变求新。

比如著名的潘高寿，就是潘郁生将具有润肺镇咳作用的川贝母和有祛痰作用的桔梗与枇杷叶一起熬炼，又在药液中加上香料和糖浆，将汤剂改为糖浆剂。为使该剂耐久存放，又汲取了西药制剂方法添进了防腐剂，一举使这家老店从传统的中成药铺中脱颖而出。

又如永汉电影院，从20世纪30年代开始就创立了影评周刊《永汉半月刊》，通过杂志来吸引观众。20世纪80年代，永汉又首创“情侣座”标配，历经几次改造都没有打破这个传统，不知成就了多少广州人的姻缘，也让自己成了青年男女见面必去的“约会圣地”。

这样的案例，在广东诸多百年老店的历史中比比皆是。灵活的头脑配上积极的行动，往往会将各种“灵光一现”变成商业史上经典的营销案例。他们未必是第一个吃螃蟹的人，但他们肯定是第一批吃螃蟹的人。因此广东百年老店始终能够紧跟时代潮流，金字招牌历经百年而不“褪色”，反而越擦越亮。

文/郑照魁

以远观今：应变、坚守、问道

老名牌新名企都面临激烈竞争　勇于危中寻机方能涌现更多百年老店

21世纪，世界经济风云变幻，技术革命如火如荼，全球化带来的不仅是巨大的市场，也是更为激烈的竞争。曾经称雄百年的柯达，曾经独步全球的诺基亚，曾经庞大无比的通用汽车……都在不长的时间里迅速衰败，滑落至破产或易手的窘境。

面对新兴产业的崛起，社会经济正发生深刻的变化，全球性的百年老店也正面临优胜劣汰、重新洗牌的命运。对于广东众多有着悠久历史的老字号，对于立志成为“百年老店”的南粤名企，如何在这个新时代迎难而上，铸就一番常青基业，无疑值得思量。

回顾过去，是为了更好地面向未来，是为了参透顺势应变与坚守传承之间微妙的平衡，去解开成长壮大的命题，去探寻转型升级的路径。广东百年老店的发展历史里，既蕴含着中华民族优秀传统之根，也潜藏着企业技术创新与制度改革的诸多问题，值得今人去一一探究。

应变

顺时转型应势升级　与时俱进成就百年

“世界上唯一不变的就是变化本身”，这句据说来源于希腊哲学家赫拉克利特的名言，无论是用于概括广东百年老店的经营之道，还是描述时下日新月异的商业环境，都可谓贴切至极。

自古以来，广东都是通商之地：从汉代开始就是海上丝绸之路的起点；唐代的广州城，常住着20多万阿拉伯商人；而在明清时期，广州更是唯一的通商口岸。

浓厚的海洋文明的历史背景，决定了广东的诸多百年老店迥别于内地诸多以农业文明为基础的坐贾商号。粤商普遍具有“敢为人先”“开放包容”的精神，对新鲜事物容易接受，不墨守成规，变通灵活的经营理念，正是广东百年老店长盛不衰最厚重的一块基石。

江门的色色婚纱，因地处西风东渐的侨乡，早在1919年就办起了照相馆，成为中国最早的商业人像摄影私营企业之一，当地民众趋之若鹜。

20世纪80年代末至90年代初，彩色冲印业市场逐渐饱和，色色又在众多同行不解的目光里率先转型婚纱艺术影楼，领一时风气之先。

进入21世纪，数码相机的兴起迅速颠覆了摄影行业，而色色在1998年便抓住先机引进数码相机。在品尝到数码相机的“头啖汤”之后，色色不但迅速换代数码相机，还花巨资购入数码冲印设备，招聘和培养数码摄影冲印技术人才，成为最早转型数码冲印的企业。

在传统照相馆没落的当下，色色却在全国拥有50多个直营机构和200多间加盟店，是全国婚纱摄影行业规模最大的企业之一。2010年，随着色色回忆摄影画廊在美国三藩市的创建，色色走向国际化。

在广东的百年老店里，色色绝非孤例。正是因为懂得与时俱进，应对环境的变化而及时转型，许多广东老字号企业方才在漫长的时代变迁里不断“升级”，延续至今。

如果没有顺时转型，致美斋即便没有被岁月湮没，也许不过就是一家卖白粥、油条的小店，与广州城隍庙边上众多的小吃店苦苦竞争，而非后来“食在广州，味在致美斋”的“中国四大酱园”之一。

如果没有应势升级，仍然卖大碗凉茶的王老吉，大概也很难突破“前店后坊”的桎梏。正是借创新产品凉茶包，王老吉才得以远销海内外。正是开发了利乐包与易拉罐装的凉茶饮料，才有了今天超过150亿元的惊人年销售额，品牌价值超过千亿元的“中国第一品牌”。

“经营一间影楼容易，经营一家百年老店一点也不容易。”色色董事长李建成感慨地说。对于百年老店，困难和问题总是免不了的，只有技术、观念、思想都与时俱进，才能够长盛不衰。

坚守

千变万化不离其宗　传承商道方得长寿

财经作家吴晓波在《大败局》序言里，为书中失败的中国企业案例总结出了“共同的失败基因”——普遍缺乏道德感和人文关怀意识，普遍缺乏对规律和秩序的尊重，普遍缺乏系统的职业精神。

吴晓波写道：中国企业家要真正地成为这个社会和时代的主流力量，那么首先必须完成的一项工作——一项比技术升级、管理创新乃至种种超前的经营理念更为关键的工作，就是塑造中国企业家的职业精神和重建中国企业的道德秩序。

改革开放三十余年来，广东这片热土上有太多“其兴也勃焉、其亡也忽焉”的明星企业，令人扼腕叹息。从健力宝到太阳神，从巨人到三九，从爱多到科龙，尽管这些曾经红极一时的商界“流星”衰落原因不一，却不得不承认都与“缺乏职业精神与道德秩序”多少有些关联。

回望延续至今的广东百年老店，其长寿的秘诀，也不仅仅是技术创新与制度改革。这些企业经营之“术”的背后，有着影响更为久远的“道”——经营之术因时因地而变，作为企业核心价值观与文化基因的生存之道却必须坚守，必须传承。

佛山的九江双蒸酒，在很长一段时间都是全国出口量最大的白酒，远销港澳、新加坡等地，在海外的影响力不亚于茅台、五粮液等国窖名酒。如今，九江双蒸酒产销量已突破5万吨，稳居广东米酒龙头地位，出口量更是长期居于全国前列。

是什么使九江双蒸至今保持强劲的市场竞争力？多年来一直坚持古法酒酿造技艺，无疑是其保持长盛不衰的重要原因之一。这种独特的双蒸酿酒法，2009年入选“广东省非物质文化遗产名录”，目前正在申报“国家级非遗名录”。

纵使随着科技发展，酒曲的制曲工艺由传统脚踩改为机械控制，但这种革新也是从提高温度、湿度的准确性出发，而不是为了提高产量。这种坚持，是老字号骨子里“口碑第一、赚钱第二”的文化基因与商业道德。

无独有偶，中山的咀香园，从个体作坊到公私合营，从国营企业到改制民企，历经多次改革，逐渐建立起一整套现代化的企业制度。改革开放后，咀香园又推进技术革新，陆续上马新机器扩大生产规模，但一直没有选择全自动生产线。坚持半机械化生产，并非食古不化，而是因为只有手工打模的传统制饼工艺，才能保持其杏仁饼独特的风味。

这样的广东百年老店还有很多，它们并不缺乏对新技术新机制的敏感，也同样对做大做强充满了期望。只是赚钱之外，还多了一份对传承技艺的坚持，对商业道德的恪守，对传统文化的敬畏。如同李锦记传承至今的“思利及人”，陈李济400年不变的“同心济世”，王老吉一直坚守的“老老实实”，正因为有了这些，老字号才终于成了百年老店。

问道

老店新秀皆有烦恼　危中寻机终是正道

戴上“百年老店”桂冠的企业，也并不是没有烦恼。

根据中国品牌研究院发布的“中华老字号品牌价值百强榜”，67位以下老字号企业品牌价值都在亿元以下，较之许多新兴企业，可称得上是十足弱势品牌。如今，除了少数品牌外，大多数老字号品牌都面临着市场份额低、市场影响力小、营销能力薄弱等问题。

例如广州最早的西餐厅太平馆，横跨三个世纪，曾经门庭若市，分店开到了香港。但随着20世纪90年代以“绿茵阁”“蒙地卡罗”等为代表的大众化西餐厅崛起，以及店铺租金日渐高昂，太平馆的运营面对越来越多的挑战，甚至一度歇业。

2011年初，中山咀香园社科建设基地课题组完成了历时多年的《中华老字号现状及创新发展的研究》。该研究报告指出，纵观企业百年沉浮，许多老字号在20世纪30年代的战乱、20世纪50年代的“公私合营”运动以及其后的“文革”中存留下来，却无法适应20世纪80年代中后期开始的市场化经济环境，在这一场大洗牌中消弭于无形。

放眼全球，柯达、诺基亚、通用汽车……众多风光一时的百年老店，即便已然成为庞然大物，同样逃不过衰落、破产、重组、易主的命运。正因如此，微软董事长比尔•盖茨那句名言才显得那么振聋发聩：“一个优秀的公司离破产永远只有18个月。”

其实，老字号的危机，同样是新兴企业的困扰，甚至犹有过之。在市场竞争日益激烈的今天，营商环境复杂多变，企业寿命如同产品生命周期一样越来越短。

荷兰皇家壳牌石油公司的一项研究表明：跨国公司的平均生命周期为40至50年；在欧洲和日本，公司的平均生命周期为12.5年；中国公司更短，为3到5年。2005年7月1日公布的中国首部民营企业发展报告蓝皮书显示：20年来，中国每年新诞生的企业接近15万家，60%的民营企业在5年内破产，85%的企业在10年内死亡。

咀香园的研究报告一针见血地指出，老字号生存危机的根本原因，在于没有建立起现代企业制度，营销模式滞后以及对老字号文化品牌的缺位。

“在市场经济的大背景下，老字号的根本出路在于主动应对寻找出路，改变传统运作模式，创新生产机制和营销模式，并积极挖掘、传承传统的文化符号。”对于“老字号如何发展”的问题，咀香园做出了自己的回答：“一般有三条路径：一是保留小而精、小而特、小而专的小企业发展模式；二是发展连锁店模式，适当扩大经营，如稻香村、全聚德、东来顺、咀香园；三是发展壮大成集团公司，实现现代化、产业化、规模化，如北京同仁堂。”

对于立志成为“百年老店”，成就常青基业的新兴企业来说，想要做大、做强或做长远的路径，又何尝不是如此呢？

文/牛思远

第二篇

解码老店

王老吉：“凉茶始祖”186岁终成广东名片

说起岭南的百年老字号品牌，广东人也许大多能如数家珍、娓娓道来。但要说起“凉茶始祖”王老吉，大概只要是个中国人，便都已耳熟能详。不少百年老店就未必还有这么大的名气了。

如今，虽然市面上的凉茶品牌已经百花齐放，但“王老吉”无疑仍是知名的一个。

2013年，王老吉顺利完成高达150亿元的市场销售任务，今年开始冲击200亿元的新目标。而此之前，被称为“中国可口可乐”的王老吉凉茶国内罐装饮料销售额，就已经超过了可口可乐及其他碳酸饮料品牌，更是顺带推动了整个凉茶产业于近些年迅速井喷，成为世界第一大饮料产业。

是什么让王老吉的发展如此迅速？曾经作为岭南特色饮品的凉茶，又为何会有风靡神州的独特魅力？且让我们回溯“凉茶始祖”的186年历史，去找寻那些不为人知的故事，以及故事背后的文化密码。

解码一

悬壶济世：古时治瘟疫当下做公益　“凉茶始祖”品牌破千亿

凉茶是汉族特色茶饮，中草药植物性饮料的通称。严格意义上来说，凉茶并不是茶，而是中草药熬出来的药汤，一般指具有清热、下火功效的，一般人都可以喝的中药。因为凉茶“药食同源”的特性，历来被广东人拿来防治某些疾病。王老吉之所以被尊称为“凉茶始祖”，也与其曾经“悬壶济世”的故事密不可分。

传说，王老吉创始人王泽邦是广东鹤山人，因当时地方瘟疫流行而偕同妻儿上山避疫，途中巧遇一道士传授药方。王泽邦依照药方煮茶，免费赠饮以助百姓治病，很多人饮用后立见其效，因而驰名远近。

此后，王泽邦便在老家摆摊开档，出售独家配方汤药，生意日渐兴隆。由于王泽邦乳名“阿吉”，他所售卖的凉茶便得名“吉叔凉茶”。

清代道光八年（公元1828年），王泽邦全家迁至广州，在西关开设诊所。除郎中坐堂行医外，诊所大堂的案桌上还专门陈列两个半人高的葫芦状大铜壶，壶边是一排青花粗瓷大碗。过往路人只要丢下几个铜钱，便可端起青瓷碗，从大铜壶内斟出一碗凉茶尽情享用。

》林则徐与王老吉悬壶济世

在道光年间，广州爆发瘴疠，疫症蔓延，而王泽邦所制凉茶在疫病治疗中药效超群，名声大噪，王泽邦更被道光皇帝召入皇宫，封为太医院院令。

关于王老吉凉茶的奇效，还有一段与钦差大臣林则徐的佳话。据说，1839年，湖广总督林则徐受命入粤禁烟，整日奔波劳累，不幸病倒，咽痛咳嗽。随从人员请来名医开方，服药不见效果，病况日渐加重，上下十分焦急。随从中有人听说王老吉有奇效，于是就找到王泽邦，求其为林则徐开药调理，林则徐服用后果真药到病除。

于是，林则徐登门答谢，并命人送来一个大铜葫芦壶，上书“王老吉”三个大金字，寓意“悬壶济世，普救众生”。1840年，王泽邦便以“王老吉”为号，首创凉茶铺，兼卖王老吉生药茶包。

100多年后，现代王老吉秉承品牌古训“悬壶济世”，专门为公益活动成立了“1.828亿王老吉爱心基金”。从汶川、雅安、彝良等地震和北京房山洪涝等自然灾害，到H7N9禽流感疫情，再到助学、环保、援疆、援藏乃至为春运民工赠票返乡，几乎涉及各个公益领域。

2010年，根据第三方机构北京名牌资产评估有限公司的评估，广药集团旗下的“王老吉”品牌价值评估为1080亿元，已经超越了海尔，成为中国价值最高的品牌。

解码二

与时俱进：从大碗凉茶茶包到预包装　创新推动凉茶现代化

1840年，应远道而来的病人要求，王泽邦的凉茶铺除了供应王老吉大碗凉茶，也开始销售茶包。这种现成的茶包，已经将草药切碎并按配方分类包好，顾客买回家后便能在需要时自行冲泡饮用，也可以出门远行时随身携带，便利不少。

受制于当时的技术条件，尽管王老吉凉茶不断发展壮大，但品牌创立之初的产品形态，“前店后坊”的经营方式却在很长的一段时间里没有发生根本性改变。

1956年，包括王老吉在内的八大老字号，组建了公私合营的王老吉联合药厂。随后王老吉陆续推出凉茶粉、凉茶精等不同形态的新产品，又在冲服凉茶的基础上，加上辅料，推出了含蔗糖和不含蔗糖两种王老吉广东凉茶颗粒冲剂。1991年，从王老吉联合药厂发展而来的广州羊城药厂、羊城滋补品厂又携手广州市轻工研究所共同开发王老吉凉茶饮料，并成功研发了中国最早的预包装凉茶产品——也就是如今常见的盒装与罐装王老吉凉茶饮料。

预包装产品的成功研发，解决了传统大碗凉茶运输、储存等区域发展局限，让凉茶行业具备了走向全国、进行大规模产业化生产的前提。而王老吉凉茶从药品变成了饮料，也让消费者群体大大拓展，为此后销售额的迅速增长奠定了基础。

2012年，王老吉更是一口气推出了一系列新品，包括无糖、低糖、固体型、现调型等多种王老吉凉茶，在凉茶产业激烈的竞争中开辟了新的市场“蓝海”。

2013年，王老吉又公布了与广东省疾病预防控制中心合作的国家863课题“功能性食品安全评价因子研究”项目结果，它证实了王老吉凉茶食用的安全性与有利于健康的功效。在此基础上，王老吉一方面与诺贝尔生理学或医学奖得主穆拉德博士的科研团队正式签约，合作研究“王老吉凉茶作用机理”，另一方面又联合政府部门、科研单位和第三方机构启动凉茶国家标准、国际标准的研究。

文化营销：百年传承铸就百亿销售　红遍全国走向全世界

广药集团副总经理、广州王老吉大健康产业有限公司副董事长倪依东说，王老吉积极参与凉茶标准制订和科学研究，除了希望推动企业的业务发展，更多还是出于自身“凉茶始祖”的定位。“我们有责任有义务弘扬凉茶代表的岭南文化、中华文化。”回望百年路，“王老吉”品牌的发展的确是一部近代凉茶文化的传播史。

创业伊始，王泽邦的凉茶铺位于广州靖远街，是十三行商馆区的核心位置。这里是清代对外开放的特殊区域，外商、侨民和旅行者云集，也会聚了众多的中国各地客商、工人、人力车夫和小贩。王老吉的畅销，使得广东凉茶为越来越多的人所了解，也顺带将其背后的中医中药理念与中华传统文化传向四方。

1903年，梁启超赴美洲游历，其间考察美国政治社会情况所著的《新大陆游记》中记载道：“所谓王老吉凉茶者，在广东每贴铜钱二文，售诸西人，或五元十元美金不等云，他可类推。”时至今日，中国的本土品牌，在对外出口的品牌溢价上，也很少能比得过当年的王老吉。

》19世纪中期在香港开设的第四分号茶庄

1883年，王泽邦辞世，享寿70岁。他将凉茶业务留给了儿子王贵成、王贵祥、王贵发三人。

分家之后，王老吉凉茶铺增设“王老吉成记”“王老吉祥记”“王老吉远恒济”三家分号。第二代传人中，王贵发创立的远恒济最终继承了祖铺和凉茶秘方，并传给三个儿子王恒裕、王恒瑞和王恒辉。

王老吉凉茶在第三代达到巅峰，特别是外销生意尤其兴旺，遍及英、美、荷兰和南洋各埠，又于香港、澳门开设分店。其间，王老吉的“榄线葫芦”成为第一个注册的华商商标，更被邀请参展英国伦敦的中国产品展览会，使外销生意更上一层楼。

抗战胜利后，王老吉方才恢复生产与外销。1949年之后，王老吉也与许多的百年老店一样，进入了一个境内外分化发展的阶段。王老吉所代表着的凉茶文化一路传承至今，走出了广东，更走出了国门。2013年3月，广药集团在王泽邦故乡鹤山市启动王老吉文化全球推广战略，希望仿效可口可乐畅销全球而带去强势的美国文化一样，借助王老吉凉茶的国际化，让来自岭南、来自中国的传统文化也能风靡世界。而在国内罐装饮料市场早已超越可口可乐。

街坊议

百年前过客立而饮　现如今方便选择多

据徐珂《清稗类钞》记载，“茶馆之外粤人有于杂物肆中兼售茶者，不设座，过客立而饮之，最多者为王老吉凉茶……”当时，甚至有民谣称：“常饮王老吉，饿死百家医”，因饮者众多，还出现了很多专门贩卖王老吉凉茶的小贩，而其他配方大同小异的凉茶挑子、凉茶铺也开遍十三行、西关等繁华码头地段，成为广州城一大景观。

今天，王老吉凉茶尽管包装形态已经全然不同当初的大碗凉茶，但配方未改，功效不变，老百姓的喜爱也依旧。一位“老广”陈姨说，广东人喝凉茶是从小喝到大的习惯，虽然自己更习惯喝现煮的，但出去吃饭的时候能很方便地点一罐王老吉，还是觉得挺好的，“就是有时候嫌罐装的太甜啦。”对于这个问题，网友“@疯狂的夜半”倒是不纠结，他在微博上开心地评论说：“我们怕长胖，怕血糖高，于是王老吉有了无糖凉茶，体贴啊。”

上河图

博物馆再现百年老铺

据说，清代王老吉凉茶铺的门口挂有特大字号的招牌，铺中用一个大铜葫芦装凉茶，伙计边卖边唱：王老吉，王老吉，四时感冒最使得，饮一茶啦最止咳。如今的繁华西关，王老吉的老铺子已经无法得见，但在白云山附近的王老吉新建的凉茶博物馆里，却可以一睹类似的场景。

博物馆坐落于美丽的白云山麓。博物馆门口矗立着高2.9米的巨型铜葫芦，堪称世界之最。博物馆大门迎面，就是一个有着硕大“吉”字的玻璃照壁，后面则是一个小小的院子，立有创始人王泽邦的铜像。二楼的实景中，既有挂着“吉叔凉茶”招牌的店面，也有后堂的火灶、柴火和药茶煲，柜台后面有掌柜在算账，灶台前有妇人、女娃烧火，人偶栩栩如生，仿佛时光倒流。

在博物馆的其他展区，则通过老照片、实物以及多媒体等手段，全面介绍了中国凉茶的古今发展和养生机理，以及王老吉的传奇故事、辉煌成就，把这些内容浓缩成一部中国凉茶史。其中，更有“请茶缸”这样货真价实的文物，以及王老吉凉茶186年来在不同时代的产品包装、广告内容等等，古今融汇，琳琅满目，让人流连忘返。

掌柜言

诚信为本，不断创新：王老吉6年后销售目标600亿元

“要说王老吉为什么能延续100多年直到今天，我觉得首先是诚信为本。”广药集团副总经理、广州王老吉大健康产业有限公司副董事长倪依东说，“老老实实王老吉”这句早年的广告语，如今是每一个王老吉人都知道的一句话，因为它正说明了王老吉坚持至今的基本原则和企业宗旨：做人做事都老老实实。

倪依东表示，王老吉虽然已经有186年历史，但传承没有中断过，祖传宝贝“王老吉凉茶”一定得是配方实在、疗效确实、货真价也实。2006年，王老吉凉茶被列入“国家级非物质文化遗产名录”，这足以说明，广药集团传承下来的是货真价实的王老吉凉茶秘方与独创工艺。

倪依东说，凉茶只有保证了品质，才真正拥有核心竞争力。他指出，凉茶一开始是以“药”的身份存在的，虽然今天王老吉凉茶已经是饮料了，但这并不改变王老吉要用做药品的品质来要求自己。

与此同时，从传统中医药里脱胎而出的凉茶产业也是一个科技推动性产业，谁的自主创新能力更强，能调动的科技和人才资源更高端，其企业和产品也必将在市

》现代王老吉广告

场上有更强竞争力。

“王老吉从当初的大碗凉茶到后来的凉茶包、颗粒冲剂，再到现在的罐装、盒装、瓶装和固体饮料，都是不断创新的结果。”倪依东说。正是这样不断的创新，才有近年来绿盒与红罐王老吉的走红，才有王老吉凉茶年销售150亿元的成绩。

王老吉现在的品牌价值超过千亿元，不但是凉茶第一品牌，也是中国第一品牌，在广药集团的计划里，希望王老吉领先的大健康板块在2017年销售达到300亿元，2020年达到600亿元，把王老吉从民族品牌打造成为世界品牌，也帮助集团从目前国内500强242名的位置，上升到世界500强企业的行列。

论道

老字号做大做强：既要传承历史　也要善于创新

百亿元年销售、千亿元品牌价值的“中国第一品牌”王老吉，奥秘何在？

中国传媒大学广告学院院长黄升民分析认为，王老吉能与中国人一直相伴至今，既因为其品牌中有独特的历史文化传承，也因为王老吉多样化的产品照顾了各种需求。对于许多广东的老字号品牌来说，有历史文化的传承固然重要，但关键是他们真正懂得消费者的需求，并用多样化的产品去满足消费者。

广东外语外贸大学教授王卫红认为，王老吉，既延续了百年品牌的配方和口味，又迎合了消费者的需求，再加上近两年王老吉密集而创新的营销策略，才铸就了销售额突破150亿元的奇迹。广东省食品行业协会会长张俊修透露，自2005年8月凉茶申报非物质文化遗产之后，广东凉茶销售明显转旺，并以前所未有的速度实现增长。“王老吉”只是这其中表现最抢眼的广东凉茶品牌。暨南大学副教授李苗评价说，维护中华老字号、保护知识产权、传承祖国优秀文化遗产，就是王老吉大健康公司正在践行的企业社会责任。

■ 威水史

1828年

第一家王老吉凉茶铺在广州十三行开张。其凉茶药效超群，价格公道，因而闻名远近，广受街坊欢迎，被美誉为“药茶王”。

1840年

王老吉首创凉茶包、凉茶粉，以前店后坊的形式生产经营，风靡一时，供不应求。

1925年

王老吉凉茶参加英国伦敦展览会，成为最早走向世界的民族品牌之一。

1935年

王老吉传人、远恒济的王远珍在广东注册了“王老吉榄线葫芦”商标。

1939年

王老吉商标在国家商标局注册。

1956年

社会主义改造浪潮中，与八大老字号公私合营组成王老吉联合制药厂。

1965—1992年

先后改名为“广州中药九厂”“广州羊城药厂”，后转制为股份制企业——广州羊城药业股份有限公司。

1993年

王老吉被评为“广州著名品牌”“广东省著名品牌”。

1996年

广药集团正式成立，“王老吉”商标等无形资产划归广药集团持有。

2003年

王老吉获得“中国著名品牌”称号。

2004年

广州羊城药业股份有限公司更名为“广州王老吉药业股份有限公司”。

2005年

广药集团王老吉药业股份有限公司与香港同兴药业合资。

2006年

王老吉凉茶被列入“国家级非物质文化遗产名录”，广药集团获得王老吉凉茶秘方、独创工艺拥有专有权，受到国家保护。

2007年

王老吉获得“中华老字号”称号。

2009年

王老吉被国家工商行政管理总局认定为“中国驰名商标”。

2010年

王老吉凉茶入选国家863计划，更以价值1080亿元成为目前“中国第一品牌”。

2012年

广药集团成立全资子公司广州王老吉大健康产业有限公司全力发展王老吉凉茶；同时以王老吉创始年份数字设立了1.828亿元的爱心基金，全面开展助学、救灾、环保等公益活动，回馈社会。

文/牛思远　图/吴伟洪

陈李济：全球最长寿药厂的岭南基因

年关将至，千年商都广州城愈发显得热闹。

华灯初上时分，漫步北京路步行街，满眼是熙熙攘攘的人群。在典型岭南骑楼风格的银座广场，一楼的几家服装专卖店灯火通明，二楼的洋快餐灯箱招牌更是耀眼。再沿着半圆形的拱门往上望，“陈李济”三个大字正静静地镶嵌在这座建筑拱顶的石碑之上。

拥有“全球最长寿药厂”桂冠的陈李济就在这里诞生、发展、壮大。413年过去了，多少曾经雄视一时的豪商大贾都已随时光逝去，当年的小药铺陈李济却穿越了漫长的岁月磨砺，屹立至今。

2011年发行的特种邮票《中医药堂》上，广州陈李济与北京同仁堂、杭州胡庆余堂、上海雷允上同登“国家名片”。而细究四大中医药堂的历史，陈李济比同仁堂、胡庆余堂、雷允上还要分别早69年、274年、134年。

是什么让这家岭南药企如此长寿？长盛不衰四百余年的背后，又有着怎样的文化密码与企业基因？

解码一

企业文化：“陈李同心，和衷济世” 因诚信而生的创业故事

熟悉陈李济的人，大多都听过它颇为戏剧性的创业故事。

明神宗万历二十八年（公元1600年），广东省南海县人李升佐，在广州大南门已末牌坊脚（今天的北京路）经营一间中草药店。这年岁末，他乘船回到广州，在下船时意外拾获一个包裹。李升佐打开一看，不禁吓了一跳——里面是整整一大包银子！

忠厚的李升佐并未见财起意，而是在码头上不顾天寒地冻苦等了一整天。这包银两，是原籍南海县商人陈体全刚刚收到的货款，当他回到家后发现丢失，惊出一身冷汗。抱着一丝希望，陈体全一路寻回码头，没想到包裹真的失而复得。

感激道谢之余，陈体全问起李升佐姓名、籍贯、职业，发现两人还是老乡。在陈体全的一再邀请下，李升佐到他家中一叙乡谊。因钦佩李的高风亮节，陈体全拿出银两相赠以示谢意，但李升佐却坚持不肯收下。

推让之间，陈体全恳切提出，既然李不愿接受酬谢，希望能将遗金的半数投资到其药店。谦辞再三，李升佐答应了这个提议，当即用红柬写下合伙文书，约定“本钱各出，利益均沾，同心济世，长发其祥”。并将草药店取字号“陈李济”，寓意“陈李同心，和衷济世”。

因诚信而生的陈李济，在日后的经营中自然将诚信当作立业之本。正因世代传承“工艺虽繁必不减其工，品味虽多必不减其物”的制药宗旨，“古方正药”一直是陈李济的金字招牌。

以“济世救人”为愿景的这家药厂，也一直将企业责任作为立身之本。

陈李济的老铺条规中，“送茶赠药”是延续了几百年的要则。店铺门前的人行道上，陈李济设置茶缸，免费为炎夏广州街头的挑担、拉车苦力供应茶水。遇上门前晕倒的饥民、难民，陈李济的伙计也必然出门营救施药。

清末民初，陈李济所在今北京路一带，民居多为平房木楼，居民又以木柴为燃料，经常发生火烛。陈李济司理（相当于大掌柜、总经理）和股东研究，决定专门从国外重金进口三部“火烛车”，只要附近店铺民居遭遇火灾，20多名壮丁组成的陈李济义务“消防队”便会即刻停产出动，有求必应，分文不收。

解码二

科技创新：业内首创蜡壳大蜜丸　南药引领中药“包装革命”

一家企业能屹立四百余年而不倒，仅有善心善举显然是不够的。作为制药企业，产品的质量、疗效以及科技含量都是成功重要的因素。

身为药医，李升佐搜集、积累了不少古方和名医的验方，以精湛工艺研制各种疗效独特的“古方正药”。而在继承历代古方验方的基础上，陈李济人更悉心研制炮制技术，形成了陈李济的特色工艺，保证产品的质量和疗效。

据载，清代同治皇帝偶染风寒，服用了陈李济追风苏合丸，药到病除，称其神效，遂钦赐“杏和堂”为封号，使广州陈李济名噪大江南北。民国初年政府颁布《商标法》时，陈李济便将“杏和堂”三字组绘成盾形商标，立案注册，沿用至今。

又有传说，慈禧太后正是因为长期服食陈李济的乌鸡白凤丸，才得以使容颜老而不衰。光绪年间，帝师翁同龢曾为之题写“陈李济”店名，三个鎏金大字至今尚存。

对奠定陈李济品牌声誉贡献最大的当属首创蜡壳大蜜丸。受联合国科教文组织委托，中国药材公司科研处高级工程师朱晟曾做过考证，蜡壳蜜丸剂型起源于清朝初期，创造者正是广州陈李济药厂。

岭南天气潮湿炎热，如何让药丸久存而不变质成为一大难题。清代康熙年间，陈李济拥有较高技术的制药人员成功把蜂蜡与木蜡混合成既不软也不硬的蜡壳，将药丸裹在其中，再用蜡密封，效果尤胜罐头包装。

这个足以写进中国制药史的重要生产工艺创新，引发了“中药包装革命”。随着同行普遍效仿，蜡壳药丸逐渐成为中药的重要剂型之一，至今还在中成药中广泛应用。

1981年，联合国科教文组织曾委托北京中医学院和北京科教制片厂，选择陈李济的蜡壳丸生产工艺拍成电视录像片，向全世界广为推荐，成为弘扬中华文化的一大代表。

》药厂工人在分粒机上生产蜜丸（新华社卢汉欣　摄）

经过一代又一代人的传承与创新，到乾隆年间，陈李济已生产有膏、丹、丸、散、茶、酒、曲、锭八个剂型中成药，销路遍及南北大地，并在广州通商口岸十三行开设批发所，将所产国药远销南洋。药效之灵，制品之精，可谓“无人不知陈李济，有口皆碑杏和堂”。

解码三

体制灵活：百年陈皮只送不卖　四百年前便有“董事会”

除了品质出众的药品，陈李济在经营上也有着诸多创举，使得这家当初不起眼的中药铺逐渐成长壮大，延续至今。

陈体全是个精明的商人，非常善于经营管理。在入股之后，考虑到卖中成药比卖中草药附加值高、利润大，且中成药可惠及更多的百姓，他与李升佐商定：将草药店改成售卖中成药的药坊，前店销售，后坊制药。

如今正如火如荼进行的“口碑营销”，陈李济也早早深谙其道。

古语有云：广东有三宝，陈皮、老姜、禾秆草。其中，排名第一的陈皮又称“广皮”，最出名的就来自陈李济。被指定为广东历年向朝廷敬献的贡品后，原本只是用于本厂原料的陈李济陈皮遂成特有的珍品。

物以稀为贵，如果换了别的商家，可能要把百年陈皮“吊起来卖”，但除了赈灾义卖，陈李济的陈皮“只送不卖”，获赠对象也因此更以之为贵。

这种“口碑营销”的策略，陈李济也运用在其他药品的推销上。清代每逢科举进士考试，举子们都要千里迢迢进京赶考，不免会受风寒之侵、水土不服之厕。考生们为应付考试动脑费神，也必买成药提神进补，考试完毕还会带一些成药回到家乡，成为药号的天然宣传员。

此时，陈李济便会运送大批产品至京展销，以红纸包一独特的蜡丸药品，并自编歌谣唱颂，连同印有店号商号的纸扇一并赠与士子。与此同时，陈李济还专门派人跟踪揭榜，如某人考中，则借此宣传。有清一代，陈李济虽偏居岭南一隅，却享誉全国，药品上乘固然重要，但善于运用士子作为营销媒介也功不可没。

除了善于营销，两位“联合创始人”的独特起源，也让这家百年老店早早便具“公司制”雏形。

》陈李济的中药药材品种丰富，大多来自大自然（王辉　摄）

创业之初，陈李二人便规定，司理由陈李两族德才兼备者轮流出任，三年一轮换。此法与现代公司治理模式有着异曲同工之妙：两姓族长组成“董事会”，代表股东利益共同监督公司运作，“职业经理人”司理负责具体经营，不能胜任者下一届就会自动落选。

陈李两家先祖还有不成文的规定，即两族永为世交，但不准通婚，以免两家变为一家，从而因某一家族的兴衰而影响企业的发展。两家“和衷共济”之下，广州陈李济生意不断扩大，遂成与北京同仁堂、杭州胡庆余堂齐名的三大国药圣地。

掌柜言

诚信济世四百年　拓新致力大健康

作为还在运营的全球最古老药厂，使陈李济如此长寿的基因是什么？广州陈李济药厂有限公司党委书记、董事、副总经理叶琼莹认为，诚信为本、同心济世的宗旨功不可没。

叶琼莹介绍，南药大多以草药为主，有些药材的根茎叶在治疗上效果完全不同，有的药材还有阳枝和阴枝之分。虽然用正宗原料成本高很多，但陈李济始终恪守“配方必须严谨，选料必须地道，制作务求精工”的传统工艺规程，甚至会因为道地药材备料不足而暂时停产。

“陈李济的核心价值观便是诚信笃行、拓新致远。”叶琼莹说，其中“诚信笃行”讲的是对药品质量的坚守，对社会责任的重视，从坚持“古方正药”到免费送茶赠药等，都是这一理念的体现。

“拓新致远”则是指陈李济在具体的技术研发与经营策略上与时俱进。创造蜡丸剂型便足见陈李济对于技术革新的重视与能力。除了养心宁神丸等当初陈李两公创业时不断延续流传下来的优秀产品，数百年来陈李济一直致力于新药的研发。

和全国的中药老字号一样，陈李济也面临着西药的重大冲击和激烈的市场竞争。1998年，陈李济易地扩建，投资1.3亿元按GMP标准兴建新厂，告别了前店后厂的作坊模式，大步跨入了现代企业的行列。

叶琼莹透露，2011年，陈李济成立了健康养生研究院，在北京路旧址开设中医门诊，请来名老中医坐镇提供经络治疗。除了传统药物，陈李济正围绕健康养生推出一系列药妆与植物饮料。“我们的目标是将‘大南药’和‘大健康’相结合，打造一家‘健康养生企业’。”

上河图

中药博物馆展现岭南中药文化

“万千劫橘井清冷老号名驰寰宇，四百年杏林秀茂新花香遍南天”。走近位于海珠区广州大道南1688号的陈李济新厂本部基地，门前巨型牌坊立柱上的对联引人注目。这幅由知名作家关振东撰稿、中国书法家协会名誉主席启功先生题写的对联，是陈李济400周岁的生日礼物，尽显这家中华老字号悠久历史与传奇声誉。

走进厂区，最抓眼球的无疑是中西合璧的陈李济中药博物馆。这座两层楼建筑物主体拱形大门面酷似北京路老店，传统广州骑楼造型、古朴的红砖、光滑的大理石墙面、精制的木花玻璃窗、古老的“陈李济”店号与“杏和堂”商标处处显示出百年老店的底蕴。

进入大厅，眼前一幅清代药铺的繁忙景象，仿佛时光倒流。正对大门的深色木柜台后面，是写着活络丸等经典产品的药柜。栩栩如生的人偶“掌柜”右手执药方、左手拨算盘，另一名“伙计”则手拿小药秤，秤量药物，一旁的“坐堂老医生”正准备为“病人”把脉。

这座岭南地区首家中药行业博物馆，楼下是店铺，楼上是制药、储药的场景，用大量实物与仿真人偶展现当时传统药号“前店后厂”经营模式与很多已经失传的中药传统制作工艺流程。馆中还布置着陈李济的古老招牌等文物、各种荣誉历史图画照片以及当下的主要产品，运用影音、动漫等现代多媒体手段，以讲故事的形式，将历史变成流动的画卷和电影。

》陈李济中药博物馆大厅（吴伟洪　摄）

》陈李济的后人陈永涓（黄集昊　摄）

街坊议

街坊送烧猪答谢救火义举

陈体全第十一代后人、人称“十一姐”的陈永涓，祖父曾经是陈李济的司理，父亲也做过厂长。她在1980年进厂，见证了陈李济从小工厂变成大工厂、从市区搬迁到郊区、从手工制作到自动化生产的飞跃，后来成了陈李济中药博物馆的讲解员。

陈永涓回忆，小时候因为建筑豪华气派，街坊都把陈李济在北京路的老店叫做“架势堂”。但尽管家大业大，陈家仍然奉行“做好药先做好人”的祖训，不但家教严格，对街坊也坚持“扶危济困”。当时，陈李济仍有义务消防队，不少曾受助的街坊在火灾后都会专程送烧猪来答谢。

“那么多的老字号都消失了，陈李济能延续到今天，真的很不容易。”同在陈李济博物馆帮忙的退休老员工赖明说，他于1980年进入陈李济药厂，当时，药厂刚刚丢掉毫无特色的名字“广州中药二厂”，恢复了“陈李济”这个百年老字号。“学校分配工作时，陈李济是人人都想来的牛气单位。我们全班四五十个人，最后分到陈李济的只有3个。”

赖明说，四百多年积累下来的良方与工艺，让陈李济拥有众多出色的产品。但由于陈李济的产品大多主方复杂，生产制作的成本高，二次开发的难度也比较大。“陈李济的发展不能说不好，但比起同仁堂这些创办更晚的老字号还是差一点，我希望它能比现在更好一些。”

论道

粤商传统不可失　文化营销正当时

尽管在历史和经营方式上与许多老字号有很多的相似之处，但陈李济作为南药的代表，传承的是岭南文化最显著的特征。广东远离京城，民间商业发达，陈李济的创业与发展可以说有着浓厚的草根气质，这与制备御药的同仁堂、红顶商人开办的胡庆余堂颇为不同。

南药主要以草药为主要原料，陈李济的产品大多以精选草药入药；滋补养生是广东人的文化习惯，陈李济的药物品种里，滋补药物占据很大比例，这些有岭南特色的药物是陈李济最有竞争力的产品。

“在中药产品以及中药工艺上，它有别人没有的东西，用现在流行的话说，就是能保留住自己的核心之物不丢失。”广东中医药博物馆副馆长郑洪如是认为。

而这些核心竞争力，除了首创的蜡丸工艺以及药效显著的产品，“诚信为本、同心济世”的宗旨也是一个重要的方面。

历史记载，陈李济曾分别在1857年和1938年遭遇英法联军炮轰与日军飞机轰炸，但厂房遭毁之后，凭借保存下来的人才与技术，陈李济又重新崛起。这样的历史，不能不让人想到可口可乐前董事长伍德鲁夫的那句评论品牌重要性的名言：“假如我的工厂被大火毁灭，假如遭遇到世界金融风暴，但只要有可口可乐的品牌，第二天我又将重新站起。”

然而，对比新时期的发展，不得不承认“北有同仁堂、南有陈李济”的古语似乎有被遗忘的危险。相较几乎成为中药代名词的同仁堂，陈李济在销售规模与品牌影响上多少显得有些逊色。

这其中，固然有资金、技术、人才与产品结构、地域影响等各种方面的原因，但文化营销上的相对欠缺，也是不能忽视的一个因素。

如今，通过建设陈李济中药博物馆、陈李济岭南中药文化体验馆、广药陈李济健康养生研究院等一系列举措，陈李济在文化营销上奋起直追。2013年，陈李济重回北京路，打造首家“金牌形象店”，并计划在全国各大省会城市推广，最近又拍摄了首部微电影《橘香》，全力提升品牌形象，并最终转化为市场竞争力和销售力。

■ 威水史

1600年

陈体全、李升佐两公创建陈李济。

康熙年间

首创蜡壳药丸剂型。

1826年

在广州十三行七十二号增设批发所经营产品输出、洋药原料输入。

同治年间

获“杏和堂”封号。

民国初年

政府颁布《商标法》，注册“杏和堂”商标，沿用至今。

1922—1942年

先后在香港、上海、新加坡、澳门开设支店和制造厂。

1954年

公私合营时期并入多家药厂组建“广州陈李济联合制药厂”。

1981年

联合国科教文组织将陈李济药厂的蜡丸生产工艺作为文化遗产拍成纪录片，向世界推广。

1993年

获国家首批“中华老字号”称号。

2007—2008年

“陈李济中药文化”入选“广东省非物质文化遗产目录”“国家级非物质文化遗产目录”。

2010年

陈李济改公司制并创吉尼斯世界纪录“全球最长寿药厂”。

2011年

“陈李济”商标荣获“中国驰名商标”认证。

文/牛思远

采芝林：为“岭南出好药”写下生动注脚

古诗有云“脚踩云烟背负囊，不分寒暑采药忙。为救黎民沉疴疾，攀峰越险若寻常。”也有国际友人称中医药为中国的“第五大发明”。自神农氏尝遍百草始，中医药文化延续至今，成为中华文明的一大瑰宝。

在浩瀚的中医药历史长河中，以“南药”为代表的岭南中医药文化经久不衰。208年前，在南药的主要集散地羊城广州，簪花挂红的黑漆底凸金字的“采芝林”大招牌悬于广州惠爱大街清风桥边，采芝林中药铺应运而生。

伴随着两个世纪的沧桑变幻，采芝林经历了从私营到国营、从国营到市场化经营的探索和艰辛，成为“老广”们“执中药”的首选，为“岭南出好药”写下了生动的注脚。

解码一

崭露头角：巧妙选址　广告营销助生意兴隆

广东南海河清堡一位姓黎的先生也许不会想到，他们同族4人合股开设的采芝林中药铺穿越了208年的历史长河，依然生机勃勃。

清朝嘉庆十一年（公元1806年），采芝林中药铺在广州市老城区惠爱大街清风桥边的惠爱中路94号开张。彼时的采芝林采用“前店后作坊”的布置格局，以经营中药材配剂为主，兼营一些膏、丹、丸、散。

清代，中医药发展成为广州举足轻重的大行业。这个时期，广州制药业方兴未艾，有少许本钱即可开张营业，采芝林药材行便应运而生。

“当时，店里的药材、药味齐全，自制的膏丸也有很不错的疗效。”在位于广

》采芝林是广州市老城区的老字号药店，由南海河清堡黎氏同族四人合股始创，创立于嘉庆年间

州市上九路85号的办公室里，广州采芝林药业有限公司董事长周路山将一个个采芝林的故事娓娓道来。

即使在两百年前，采芝林店面的选址也是颇为讲究，占尽了“地利”。药铺位于当时广州市府署西侧中心位置，此地人来人往、车水马龙，还有不少达官贵人帮衬生意，采芝林的生意逐渐兴旺起来。

不仅如此，当时的采芝林掌柜已经懂得熟练运用广告进行产品营销。由于广州市府署为儒生赶考之地，来自全省各地的儒生多聚集在考场附近，而采芝林店铺就设在考场旁边。“当时的采芝林掌柜看到饱读诗书的儒生们，他们想，为什么不能借助这些人的口碑为自己的新产品做做宣传，拓展产品销售渠道呢？”周路山讲道，几经创意策划，采芝林派店员站在政府考场门侧，把采芝林独创产品八宝清火通明眼丸、清火枇杷膏封包而成的小锦盒或小红包连同广告单作为小礼品赠送给儒生们，并通过他们广为传播。

方兴未艾：股份经营　担当传承文化重任

两个世纪的光阴流转，大部分与采芝林同时期设立的药铺已不知去向。这其中，初创之时建立的管理制度功不可没。

原来，在新中国成立前，广州医药业以中小户居多，许多店铺与家族合一，由大家长决定一切。待到产业传至第二代、第三代往往容易发生分歧，店铺被瓜分后兄弟几人自立门户，之后互相排挤，导致不少著名字号昙花一现。

反观采芝林，其从创立之初起就拥有先天优良的组织模式：四人合股，股东对店铺的股份管理、股份分红、经营宗旨与方针、人事聘用管理、扩业管理等有约定并形成协议。“这就是创业时期的企业管理模型。”说起采芝林的历史，周路山颇为骄傲。

新中国成立以后，国民经济进入恢复时期，不少药行、药店改组和整合，有的甚至歇业。及至1955年，全广州的药材批发商减少到167户，零售店减少到398户。这年4月，采芝林迎来历史性的一刻。

当时，广州市第三商业局把中药材批发部、药材零拆部、中药材中心批发部、药材参茸批发部、南北药材批发部、西土药材批发部和炼剂药材批发部从广州市供销合作社土产贸易公司分离出来，成立了国营广州市药材公司。

1956年全行业实行公私合营后，广州市药材公司又把全市的中药商业结构调整为由荔湾、海珠、越秀、生草药4个批发部和采芝林药铺等365个零售店以及一个药材加工场所组成的营销网络。

直到52年后的2008年，广州市药材公司才正式更名为“广州采芝林药业有限公司”。周路山说，从公私合营到完成更名，现在“老广”们时常光顾的采芝林并非早年的那个小药铺，它有了更为广泛的内涵。如今，“采芝林”三字背后代表的是广州甚至岭南的中医药文化，“采芝林就是这个文化的传承者”。

解码三

敢为人先：突破阻碍 成全国首家连锁药店

“当时，有20多个省份都派人来参观我们的连锁药店模式，我记得深圳一个药店的老总就来过七次，每次都会针对连锁经营提出好多问题。”周路山所指，即1996年采芝林借鉴现代零售业发展的主源方向——连锁经营，组建了广州采芝林药业连锁店，成为全国第一家连锁经营的大药店。

彼时，采芝林药业以96间国有中药零售店为基础，以公司业务科为连锁总店，以荔湾、越秀、海珠、东山四个分公司为连锁分部，对属下所有国有药店实行直营连锁经营。

“这其中还有个小故事。”周路山说，在组建连锁店之前，各家药店在分散经营的同时，上游供应商也各异，出现了药材质量良莠不齐的现象，品质难以保证。

» 位于广州老城区的一家采芝林连锁店

“这么多家药店，质量参差不齐，也没有统一的品牌商号，难以形成合力。”

为了解决这一问题，保证药材质量，当时的管理层决定向国外学习，组建连锁药店。令人意外的是，这个法子得到的是各家中药零售店的反对。“搞连锁经营就必须实行统一采购，那些原先能在采购环节捞到的好处就没有了。”好在反对声挡不住科学管理的大潮。

之后，采芝林对其连锁药店实行“七统一”管理，即统一以广州市药材公司百年老字号“采芝林”为商号、统一连锁店的标识、统一购进、统一核算、统一管理、统一经营策略和统一服务规范。

除此之外，采芝林还向中国人民保险公司投保药品质量险，开创了保险公司承保药品质量的先河。

1997年，广州市药材公司进行了资产核查，剥离了非经营性资产，实现了国有资产重组，成为广药集团广州药业的成员企业。

解码四

大胆破局：管理先进　外地设厂力保质量

21世纪的第一年，采芝林遇到了瓶颈。随着“入世”后药品批发和零售市场的全面放开，零售药业成为各路资本争相逐浪的战场，个体和平价药房如雨后春笋般涌现，仅在广州就有5000多家药店，其中连锁品牌也扩充到37个。作为国有企业的采芝林连锁也面临着前所未有的严峻挑战：曾一度扩张至160家的采芝林连锁减少至86家。

穷则思变，改革创新是老字号国企的唯一出路。值得一提的是，在质量管理方面，广州市药材公司一直不遗余力。1997年，广州市药材公司、采芝林药业连锁店及北京路药材商场被国家中医药管理局确定为“全国首批GSP达标单位”。

所谓GSP，就是“良好供应规范”的英文缩写，是控制药品流通环节所有可能发生质量事故的因素，从而防止质量事故发生的一整套管理程序。

其实，采芝林一直以来都视药品质量为生命。“有时我会问来店里买药的年轻人，为什么选择采芝林。”已经在采芝林工作20多个年头的林惠妍告诉记者，她得到的答案大多是“因为我妈妈指定要来这家买，这里的质量好”。

“即使在引入GSP之前，我们一直有‘三员签章’制度做保证。”一位老员工

》采芝林连锁以经营传统中药材、中成药、中药饮片为主，特色品种有冬虫夏草、鹿茸、高丽参、西洋参、野生中药材等，在广大顾客的心中一直拥有“参茸专家”的美名

说，所谓“三员签章”，即在中药交付顾客之前，在审方计价、按方抓药、隔手复核三个环节须有专人负责。

为了保证药材质量，从2012年开始，采芝林按照广药集团“大南药”资源战略，与广药集团相关的兄弟企业、全国各大中药材主产区公司合资建立8个省外中药材资源公司。“在几个主要的中药厂区，我们都设有工厂。”从西藏波密到贵州凯里，从黑龙江到内蒙古，周路山介绍，虽然这样的做法在一定程度上拉高了成本，“在产地设厂保证了药品的疗效”。

掌柜言

广州采芝林药业有限公司董事长周路山：以传承岭南中医药文化为使命

“文化”，是周路山接受采访时说得最多的词。这位出生于东北的采芝林掌门人已经在采芝林工作了32年，他说做岭南中医药文化的传承者是采芝林的责任与担当。

2009年，采芝林传统中药文化作为岭南中药文化的典型代表，载入“广州市非物质文化遗产名录”“广东省非物质文化遗产名录”。“我们的专家还将传统的中药鉴别经验，包括眼看、手摸、鼻闻、品尝和水试、火试，及加工炮制工艺编纂成书，发表成文，使中药文化得以传承，使岭南中药不断延续。”周路山告诉记者。

“目前，采芝林正在建设一个标本馆。”这将是文化重要载体，周路山说，广东是传统的中医药大省，特产“南药”和“广药”在全国举足轻重。采芝林作为广东省的中华老字号，拥有虎、狮、豹、熊、羚羊等动植物标本、矿物标本5000多种，是岭南中药文化的代表。这个标本馆将定期向社会开放，并配有中药鉴定专家从旁讲解，“这样可以加深他们对中药材的感性认识，为中医药发展营造良好的社会氛围。”

与传统中医药文化一同延续至今的，还有采芝林创始人确立的“兴药、济世、救人”宗旨。正如周路山所说，药品企业赚钱也要抱着“济世”的心态，不能一味追求暴利。药品的质量和效用，始终是企业的关切。“为此，我们在全国很多药材原产地设厂，为的就是保证药品安全、有效。”

“未来，我们还要在采芝林的品牌建设上下工夫。”周路山告诉记者，采芝林将继续实施网络扩张战略，打造辐射全国的强大销售网络，提升企业市场竞争力，努力提高盈利水平。在他看来，门店就是最好的宣传广告之一。目前，采芝林连锁共有33家门店，主要分布在广州的老城区越秀、海珠、荔湾等地，销售规模达1.25亿元，其中70%的销售贡献来自中药材和参茸产品。

上河图

百子柜沉淀百年底蕴

清晨的上下九一改平日的繁华热闹，平添了几分静谧。从街口向里望去，只见零星几辆穿梭的公交车和静候它们的上班族。

此时，位于上九路83—85号的采芝林门店已经开张营业。“采芝林”三个烫金大字的左侧书有“中华老字号”，右侧则为“始创嘉庆年”。这是所有采芝林门店的“标配”，直截了当地展示着一个拥有两百多年历史药铺的辉煌与沉淀。

穿过一排摆放着参茸等名贵中药材的陈列柜，映入眼帘的是由三排有些古旧的百子柜围成的方形区域，一张锣鼓柜置于正中，一座铜盅和一把戥称安静地躺在上面，等待经验丰富的药师来“执中药”。

》采芝林的药师在为顾客配中药

街坊议

粤剧名伶"执中药"首选

"给我看病的老中医开了药方后，专门嘱咐我去采芝林抓药。"钟小姐算不上采芝林的老顾客，但是在广州土生土长的她告诉记者，不仅老中医，家中长辈也时常叮嘱她到采芝林"执中药"，"特别是像参茸这样的名贵药材，他们觉得在采芝林买比较放心。"

翻阅采芝林的历史资料就会发现，这家百年老店还深受一些粤剧名伶青睐。广州中药饮片因其独特的手刨、手切工艺使药材片张均匀、整齐、色靓、规格化，颇显岭南特色。当时，中国一代粤剧名伶红线女、马师曾和吕玉郎每每使用中药配剂时都指定要用这些特色中药饮片，尤其是采芝林的手刨当归片、川芎片，还有手切北芪片和茯苓片等等。

不仅如此，以中药著称的采芝林还受到过外国友人的夸赞。2006年7月，瑞典国王卡尔十六世•古斯塔夫与王后西尔维娅随仿古商船"哥德堡号"到达广州。在广州停留期间，瑞典国王、王后以及陪同的政府、商业代表团一行参观访问了采芝林北京路药材商场，当时在场的采芝林员工回忆，国王、王后盛赞采芝林中药文化"Very Good！"

救人济世　百变不离传统

“诚信经营是支撑采芝林在两百年历史长河中屹立不倒的关键因素。”广东省老字号协会秘书长范依萍表示，采芝林精湛的制作工艺也已成为其核心竞争力。

事实上，制药是件精细复杂的工作。制作每一种药材都须独特技艺，从饮片的制作、炮制过程，到药材的选择都有特定技巧。“采芝林依靠长期积累的经验，和不断反思创新，形成了它特有的技艺，使得它在激烈的药材行业竞争中更占优势。”范依萍如是说。

面对新环境和新挑战，采芝林迎难而上，不仅成为中国第一家连锁经营药店，而且还在药材原产地设厂，为其发展开拓了新局面。

“一个百年老字号要生存发展，不仅要保持自己的传统，也要勇于创新，适应社会需求”。范依萍说，采芝林正积极发展电子商务，是对当今电子商务发展的快速反应。“现在的年轻人对新事物接受快，如果我们百年老字号不能及时跟上社会步伐，就会失去消费者，带来巨大损失。”

百变不离传统，是范依萍给采芝林未来发展的忠告。“不管采芝林的经营模式、组织管理怎样变化，济世救人的初衷和传统不能变”。这之后，采芝林需在继承传统的基础上创新，吸取同行业的优秀经验以提升自我，避免墨守成规。“最后，采芝林在今后的发展中，要继续保持诚信经营这一优良传统，严抓药品质量，让消费者真正用得放心”。

■ 威水史

1806年

广东南海河清堡村人黎氏与同族四人合股，在广州惠爱大街、广州府署西侧的清风桥边（原中山五路94号）开设一间以中药配剂为主、兼营自制成药的药铺，店号“采芝林”。

1955年

广州市第三商业局把中药材批发部、药材零拆部、中药材中心批发部、药材参茸批发部、南北药材批发部、西土药材批发部和炼剂药材批发部从广州市供销合作社土产贸易公司分离出来，成立了国营广州市药材公司（现广州采芝林药业有限公司）。

1956年

全行业实行公私合营后，广州市药材公司把全市的中药商业结构调整为由荔湾、海珠、越秀、生草药4个批发部和采芝林药铺等365个零售店以及1个药材加工场所组成的营销网络。

1972年

广州市药材公司设立广州市药材加工厂。

1995年

广州市药材公司“采芝林”品牌被中华人民共和国国内贸易部授予首批“中华老字号”称号。

1996年

以96间零售企业为基础，以广州市药材公司业务科为连锁总店，以荔湾、越秀、海珠、东山四个分公司为配送中心，实行连锁经营，成立以“采芝林”为商号的全国首家大型药业连锁店——广州采芝林药业连锁店。

1997年

广州市药材公司实现了国有资产重组，参与了“广州药业”H股在香港联合交易所上市。

2006年

“采芝林”被国家商务部认定为首批“中华老字号”，是广东省唯一一家上榜的药品零售企业。

2008年

广州市药材公司正式更名为“广州采芝林药业有限公司”。

2012—2014年

按照广药集团“大南药”资源战略，广州采芝林药业有限公司与广药集团相关的兄弟企业、全国各大中药材主产区公司合资建立8个省外中药材资源公司。

文/唐柳雯　邓鸽　梁新娣　图/吴伟洪

潘高寿：治咳鼻祖终成“双国遗”

近年来，雾霾成为不少都市人烦恼的问题，除了空气净化器这样的针对性产品，养肺止咳类的药品和保健品也渐成热门商品。这其中，以生产止咳化痰药著称的中成药生产企业潘高寿再度成为大众关注的焦点。

在潘高寿纪念馆里，至今还保留着香港《商报》在民国时期关于广东十大名家良药的报道，当时叱咤药界的联春堂、马百行、何家巷都榜上有名。斗转星移，时过境迁，曾经风光无限的药店巨头一个个退出历史舞台，淡出公众视线，而作为首批中华老字号，起家于光绪年间的潘高寿，却历经几度炮火纷飞，依然屹立不倒，更手握两项国家非物质文化遗产，成为价值排名全国前列的老字号品牌。

潘高寿的长盛不衰，背后有着怎样的经营秘籍，又有哪些传奇故事？或许，仍要从这家治咳“鼻祖”的岭南文化基因中去找。

解码一

百折不挠：炮火下数易其址浴火重生

潘高寿的创始与发展，活脱脱是一部广东近代史。

清朝末年，美国政府推动西部开发，需要大量廉价劳动力，因此在中国东南沿海招收“契约华工”，也就是俗称的“猪仔”。这些主动或被动前往新大陆淘金的“猪仔”里，就有潘高寿创始人之一的潘应世。

到美国之后，潘应世先后在金矿做过苦力，在洗衣铺当过学徒，在餐馆当过侍应，慢慢攒了一些积蓄。光绪十五年（公元1889年），潘应世带着在美国当“猪仔”辛苦挖到的第一桶金回到了魂牵梦萦的故里——广东开平。

》“潘高寿”创始人之一潘百世和川贝枇杷露创制者潘郁生

潘应世的大哥潘百世是一名坐堂医生，坊间小有名气。两人商议联手创业，一拍即合。

1890年，潘氏兄弟到省城广州，于高第街正式挂牌开张长春洞药房。长春洞是前店后场式的药铺，前店卖药，后场制丸，雇工10余人，进行作坊式生产。创立之初，主打当时岭南地区最有销路的蜡丸药品。长兄潘百世对于药材处理、炮制、封蜡等环节一一亲自打理，严格检查。长春洞出品的蜡丸声名鹊起，远销海内外。

20世纪初，潘氏兄弟相继去世，药铺由潘百世之子潘逸流、潘应世之子潘楚持共同经营。没多久潘逸流、潘楚持又相继离去，转营他业。药铺由潘百世的四子潘郁生出任司理。

但世事难料，潘郁生接手不到10年，1924年广州爆发商团叛乱，位于天字码头附近的长春洞惨遭炮火，顷刻间夷为平地。商团叛乱平定后，长春洞一带的店铺损失惨重。但潘郁生没有就此放弃，他开始着手另选地址，东山再起。

经过多方思量，潘郁生看中了十三行。选址敲定后，潘郁生把战乱时走散的老师傅和工人重新召集回来，继续经营传统中成药。不到一年时间，店铺重新营业，以“长春洞潘高寿”新字号亮相十三行路豆栏上街。

但好景不长，1938年，广州沦陷。地处十三行的潘高寿药行和其他药行一样遭受日本军机的轰炸，毁为废墟。考虑到广州发展难以为继，潘郁生萌生到香港、韶关等地投亲靠友的想法，借此延伸潘高寿外地的经营。

几经艰辛，潘郁生的儿子潘祖馥、潘祖芗终于在香港、韶关成功落地潘高寿业务。从此以后，潘高寿雄踞香港广东两地，逐渐壮大。

解码二

顺时应变：借鉴西医始创镇店之宝

如今，潘高寿最出名的“镇店之宝”早已不是蜡丸，而是治咳效果显著的潘高寿川贝枇杷露。这个变化的背后，是广东人务实开放、善于应变的独特文化观念。

原来，辛亥革命后，西风东渐成为潮流，西医西药逐渐为人们所接受，传统中医却面临危机。潘郁生正满怀雄心准备在中成药专业化市场上大干一场，却面临着民国政府打算“废除中医”的局面。

这对于传统中成药无疑是一大冲击，长春洞潘高寿传统主打产品蜡丸的营业额也一落千丈。潘郁生敏锐捕捉到市场的变化，意识到仅靠原来的蜡丸和老式膏、

》蛇胆川贝液的自动化生产车间

丹、丸等难以为继，率先在岭南开创了“中药西制”的先河。

岭南气候炎热多雨，乍暖乍寒，人们容易伤风咳嗽，而市面销售的枇杷露多是独味单方汤剂，治咳疗效不显著。潘郁生决意另辟蹊径，着手创制新药，复兴祖业。他将具有润肺镇咳作用的川贝母和有祛痰作用的桔梗与枇杷叶一起熬炼，为消除病人怕吃苦药的心理，还在药液中加上香料和糖浆，将汤剂改为糖浆剂。为使该剂耐久存放，又汲取了西药制剂方法，加进了苯甲酸等作防腐剂。

这个大胆汲取西药制剂方法创出的新药，最后定名为“潘高寿川贝枇杷露”，因取中西之长、四季可服且治咳效果显著，潘高寿川贝枇杷露声名鹊起，不仅成为潘高寿流传至今的“镇店之宝”，更被中医界称为我国治咳药物的“鼻祖”。

由于物美价廉，潘高寿川贝枇杷露很快打响了知名度。潘郁生看到了这款产品潜在的巨大市场，决意大力生产川贝枇杷露，潘高寿走上了生产治咳药物的专业化道路。1929年，潘高寿实行了多品牌战略。为了全力发展川贝枇杷露，潘郁生将长春洞潘高寿药铺做了分离处理，正式单独启用“潘高寿药行”品牌，专营川贝枇杷露，而原来的“长春洞”作为另一个品牌，继续经营蜡丸业的生产和销售。

改革开放以后，百花齐放，竞争激烈，“独抱琵琶”的潘高寿却一下子跌入谷底，被同行嘲笑“琵琶断弦”。

通过认真探究，潘高寿找到医治“断弦”症结的良方：重点开发治咳养肺药物系列，针对小孩、老人等不同对象，从单一产品向治咳药物系列方向发展。随后，成功推出了蛇胆川贝液、蜜炼川贝枇杷膏、小儿清热利肺口服液等拳头产品。市场销量豁然开朗。

如今，潘高寿又敏锐捕捉到雾霾这一新兴话题，联合上海复旦大学启动首个PM2.5伤害防治项目。潘高寿总经理杨东升表示很看好防治雾霾伤害产品的市场，“我相信这将是一片蓝海”。

解码三

营销推手：广告商标处处引领潮流

作为一家百年老店，潘高寿的广告营销意识可谓超前。早在民国二十六年（公元1937年），潘高寿就给自己打起了广告。

那时，潘高寿川贝枇杷露畅销各地，许多药行纷纷仿制，尤以香港诚济堂药行为甚。作为川贝枇杷露的独家创制者，潘郁生亲自撰写文章讨伐诚济堂。但无奈诚济堂早有预谋，抢先在香港注册，此案潘高寿最终败诉。

这件事给潘郁生敲响了警钟，对于品牌知识产权的保护意识油然而生。潘郁生毅然将房产变卖，用筹得的资金改良包装印刷。

为了突出川贝枇杷露的独创性，他以父亲潘百世和自己的画像作为商标，印成精致的包装盒。同时，还在包装盒正面两侧加印“劝人莫冒潘高寿，留些善果子孙收”讽刺伪劣冒牌者。如此精致独特的包装设计，让消费者一眼就记住了潘高寿，也让众多冒牌者望而却步。直到现在，香港及境外销售的潘高寿川贝枇杷露仍沿用这个包装。

此外，潘郁生还经常撰写一些关于潘高寿品牌和洋品牌对比的文章，发表在当时的报纸上。一时间，潘高寿的企业形象和品牌形象深入人心。潘高寿文化传承人卢其福透露，20世纪80年代，故宫里就有潘高寿的立式广告牌，这在当时是很少见的。“当年，很多名媛雅士都是潘高寿的忠实粉丝。”

进入21世纪，市场上刮起了一阵国货复古风。潘高寿搭上了这股风潮，在潘高寿润喉糖和潘高寿龟苓膏的包装上下足了功夫。以润喉糖为例，包装采用传统的暗红色调，以民国上海女子为产品代言形象，以潘高寿楷书字体作为Logo，以复古的金属壳为载体，整个产品极具国货复古韵味，得到了很好的市场反馈。

此前推出的防治PM2.5公益活动，更是快速提升了潘高寿的品牌形象。启动仪式上，潘高寿让员工戴着口罩骑行在马路上，呼吁市民重视雾霾影响。借此事件营销，潘高寿赢得了广泛的社会关注度和品牌美誉度。

广州大学教授、广东老字号专家委员会委员马洁表示，时至今日，许多百年老店都面临着品牌老化的问题，如何延续和发展品牌价值就显得尤为重要，“其中创新特别重要，尤其是产品和营销的创新，潘高寿一直在这方面不遗余力。”

掌柜言

优质产品是传承文化最好的载体

“我认为关键在于制订了专业治咳养肺的战略路线。”问及潘高寿如何做到

“长寿”，杨东升这样回答。他说，中医有云，肺为华盖，为五脏之天。潘高寿120年来一直致力于养肺治咳，并推出了针对不同症状不同年纪的一系列产品。

杨东升介绍，目前潘高寿以生产治咳养肺药物为主线，以生产儿科、妇科药物为辅线，同时挖掘大健康产品潜力，形成药品和大健康产品并驾齐驱的品牌格局。对于未来的发展，他提出三个关键字：聚焦、下沉、个性化——聚焦拳头产品，渠道下沉，产品个性化。

》潘高寿纪念馆里陈列着创始初期川贝枇杷露的灌装机

2006年，潘高寿获得国务院首批认定的“中华老字号”称号。2007年至2008年，潘高寿凉茶保密处方和专业术语、潘高寿传统中药文化分别获得“国家级非物质文化遗产”称号。潘高寿成为中国医药界唯一拥有“双国遗”的单位。

杨东升说，作为一家百年老店，有着悠久的历史和耀眼的荣誉，但同时也意味着潘高寿肩负着巨大的社会责任，其中就包括了传承岭南的传统文化。

在杨东升看来，文化的传承需要载体，而质量过硬的产品就是最好的载体。他介绍，潘高寿在原材料采用上一向是优中选优，比如用于生产川贝枇杷露的川贝和桔梗都来自四川，枇杷叶选用广东清远的，全是最上乘的道地药材。“未来，潘高寿将继续秉承‘积功累德、济人济事’的宗旨，为百姓健康带来福祉。”

街坊议

名人名流共赞潘高寿

潘高寿的消费者中不乏名人名流。如20世纪90年代，全国政协副主席程思远久咳不愈，后服用了潘高寿蜜炼川贝枇杷膏痊愈。程思远就特意为潘高寿公司题字，以示感谢。

1992年初，著名书法家启功南下广州参加学术活动，水土不服，偶感风寒。服用了潘高寿产品后，不咳不喘，心平气顺。是年初冬，启老为表达谢意，为企业题诗一首：“积功累德潘高寿，妙药灵丹济人世；保得艺林书画手，三冬写遍岭南春。”

还有一位是著名歌唱艺术家郭兰英。在治愈后，郭兰英向“宋庆龄基金会”主席康克清介绍潘高寿系列产品。康克清仔细观看“潘高寿”商标，一字一句念到“这名字起得好啊，潘高寿，盼高寿，谁不盼高寿啊！”

上河图

一锅一浆一石一器

一个大铁锅，一把木头浆，一方磨药石，一套装药器材，坐落在广州番禺区工业园的潘高寿纪念馆保留了当年制药时的原汁原味。

纪念馆的大门由红实木制成，古香古色。推门而入，刻有“潘高寿”三个大字的屏风映入眼帘。墙壁上，挂着众多政界要人、名人雅士与潘高寿颇有渊源的故事集锦。馆内四周，用玻璃框陈列着潘高寿生产线上的各种纪念小物品。

书桌上，整齐摆放着潘高寿各个时期的不同产品。其中，印有潘百世和潘郁生头像商标的川贝枇杷露最引人注目。纪念馆的正中间，井然有序地摆放着当年制药的整套工具：一锅、一浆、一石、一器。

在纪念馆中，还专门安排有工作人员讲解和演示潘高寿的传统制药工序。置身陈列馆内，听着古老的故事，仿佛又回到了那个明火煮药、木浆搅拌、手工装瓶的制药年代。

论道

把握“大”历史中的“小”机会

从最开始的“长春洞潘高寿”到后来单独使用“潘高寿药行”；从公私合营的

》潘高寿纪念馆里，陈列着始创初期制药的工具

“潘高寿联合制药厂”到“文革”时期的“广州中药七厂”；从恢复后的“广州潘高寿药厂”再到如今纳入广药集团旗下的“广州白云山潘高寿药业”，潘高寿名字变迁的背后便是一部广东近现代史。

放在历史长河里来看，潘高寿肇始于光绪年间，民国时期崭露头角；日本侵华年间韬光养晦转战外地，社会主义改造时期联合制药；“文革”时期暂停业务；改革开放后，在市场经济竞争中涅槃重生。

这期间，正是抓住了时代潮流转变中的机会，潘高寿方得以发展壮大。例如在中医药衰微之时积极借鉴西药制剂工艺，又如在市场经济环境下坚持走“治咳养肺”的专业化路线，做到术业有专攻，再如利用“治咳专家”的基础，积极对主导产品进行二次研发，推出周边系列产品，提出“大健康”产品概念，顺应时代需要。

坚守老字号企业质量为先的优良传统，发挥岭南商业文化中敢为人先、果敢务实以及对市场始终保持敏感的特质，则是像潘高寿这样的广东老字号企业能够抓住机会的深层次原因。否则，如果仅靠一时的营销攻势，故步自封，眼下的强者也会败给时间。

“与时俱进，老字号需要创新，但创新不能狭隘理解为仅仅是变化。”中山大学中国非物质文化遗产研究中心副主任宋俊华认为，“关键在于如何将这些价值用当代的语言重新发掘，焕发它的生命力。”

■ 威水史

1890年

广东开平人氏潘百世、潘应世兄弟在广州市高第街设药铺，药号“长春洞”。

1925年

潘应世四子潘郁生独创潘高寿川贝枇杷露，开创岭南“中药西制”先河。

1929年

潘郁生正式树起潘高寿药行招牌，专营枇杷露。长春洞仍然以经营蜡丸业为主。

1937年

潘高寿采用潘百世和潘郁生的画像作为商标，独特的包装设计让潘高寿在同类产品中脱颖而出。

1948年

潘高寿药行发展达到鼎盛时期，在香港、台湾、澳门均有设点经营。

1956年

实行公私合营，潘高寿药行与大同成药社和中华成药社合并，组成“潘高寿联合制药厂”。

1992年

潘高寿旗下的治咳川贝枇杷露、蛇胆川贝枇杷膏、蛇胆川贝液、蜜炼川贝枇杷膏四款“拳头产品”被评定为“国家名牌产品”。

1995年

潘高寿顺利通过澳大利亚TGA认证。

2001年

潘高寿被广州市政府授予广州首批“老字号”称号。

2004年

从德国著名B+S公司成功引入中国首条自动液体灌装线。

2006年

潘高寿荣获中华人民共和国商务部颁发的首批“中华老字号”称号。

2006年

在中国品牌研究所公布的“中华老字号品牌价值百强榜”中，潘高寿名列28位，品牌价值4.56亿。

2007年

潘高寿凉茶（72号秘方极其专业术语）入选“国家级非物质文化遗产名录”。

2008年

“潘高寿传统中药文化”通过国务院评定入选“国家级非物质文化遗产名录”。

2013年

潘高寿联手上海复旦大学开展防治PM2.5项目，设立“绿肺基金”。

文/彭琳　图/吴伟洪

中一药业：
传承精粹三百年，敢谱新章终如一

岭南，自古便是中医药发达之地，民间药店发展非常普遍，尤以南方的商业中心、繁华之地广州为甚。在广东现存的“中华老字号”里，主业为中医药的百年老店为数众多，甚至约要占去本省老字号名单的三分之一强。

繁多的中药老字号，商号取名多与创始人相关，如陈李济、王老吉、潘高寿等。在透着古味的同业中间，广州白云山中一药业有限公司的品牌“中一”显得有些与众不同。而300多年的岁月中，融合37家企业于一身的发展历史，同样在业内独树一帜。

这家古老又年轻的百年老店，既传承了安宫牛黄丸、保婴丹等传统古方，也推出了中一消渴丸、胃乃安等特效新药，但“嘘寒问暖,始终如一”的企业宗旨却至今未变。这家国家高新技术企业，究竟是如何应对新时代的挑战，实践着“国粹”中医药的现代化？在当下创新成果的背后，又有着怎样荡气回肠的故事？

解码一

传承久远：前身药房皆享一时盛名

中一药业的历史，最早可追溯到清康熙元年（公元1662年）创建的“始祖”黄中璜药店。但后来成为中一药业发展主体的药店，则是广东番禺人潘务庵创办的保滋堂。

据史料记载，潘务庵从小就聪敏好学，立志研究中医诊断、治疗和药物等科学，其后又得名医的精心指导，终于成为当时遐迩敬重的“大国手”。清康熙八年（公元1669年），潘务庵在广州双门底（又名四牌楼，即今北京南路）开办保滋堂药店，既诊病又制售中成药。

潘务庵在行医中，看到风、寒、暑、湿、火、燥等六淫之气变化无常，致使小儿患急惊风来不及抢救而丧生。患儿家人之痛心，令潘务庵深感中医中药救死扶伤的责任重大。有一次，邻居两岁大的婴儿感染温暑，发热流涕，烦躁抽搐，突患急惊风，他根据自己以往治疗的经验，以疏风清热、化痰定惊为主治，悉心研究治疗对策，经反复临床实践，终于研制出“保婴丹”（又名通关散），因疗效显著，一时供不应求。

保婴丹所用药材包括珍珠、牛黄、冰片、麝香、琥珀、朱砂、蝉虫、天麻、天竹黄、白僵蚕、全蝎、防风、钩藤、白附子等。小儿患急惊风时，一用保婴丹通关，便可转危为安，收到神速的疗效。

潘务庵在医疗实践上精益求精，以期达到“救病扶危”的宏愿。当时的保滋堂，除大量生产保婴丹应市外，又研制出六味地黄丸、归脾丸、十全大补丸、天王保心丹、知柏地黄丸、保和丸等6个品种。上述各种中成药因疗效好，代销的客户遍及大江南北，慕名前来求医求药的人络绎不绝。

保滋堂声名远播，甚至得到了当时朝廷政要及达官贵人的赞誉和宣扬。清道光二十三年（公元1843年），时任两广总督的祁贡，便曾为保滋堂药店题写“养和种德”的匾牌（后俗称“养和树德”），意指行医制药之人，为百姓保养身心，品德高尚。

中一药业的另一鼻祖，始创于1820年的马百良药店，也曾先后接受过清朝大小官员赠匾牌11块之多。其中有钦点翰林院修撰大臣崇琦拜给马百良先生的“金液银丸”匾牌，以及御赐进士及第翰林院修撰加一级梁耀枢为马百良先生题的“仁人利普”匾牌。

而除了黄中璜、保滋堂、贵宁堂马百良药店外，此后兼并融合成为中一药业前身的知名药房，还有广芝馆、集兰馆、梁财信、刘贻斋等老字号，以个人名字或别名作号，在当时都享有盛名，至今也都已有二三百年以上的历史。

解码二

兼并融合：重组中兴各家所长集一身

这些药店生产的中成药有膏、丹、丸、散、茶、油、酒等七大类，不少药店将有效的验方和祖存秘方搜集研制为成药出售，不但为如今现代化的中成药之先声，也成为中一药业集纳各家所长的宝贵遗产。

清道光二十六年（公元1846年）6月，成名之后的保滋堂为进一步扩充业务，由广州双门底迁至广州桨栏路64号注册开厂，铺面比以前扩大数倍，另建工厂和栈房，这也即是当时传统药店多采用的“前店后作坊”模式。

当时，黄中璜、保滋堂、梁财信、马百良等这些药厂，虽然是“前店后作坊”式生产中成药的作坊，从药材的拣选、切铡、研磨、拌和至制成药丸、丹、散等全过程，都是靠手工操作完成，但每个小作坊都有其畅销的产品。如集兰馆的三蛇胆川贝末、犀黄丸、金锁固精丸、虎潜丸、人参再造丸；梁财信的熊胆跌打丸；马百良的礞石滚痰丸；卢畅修的安胎丸；黄中璜的调经丸、三达丸；橘花仙馆的清心牛黄丸、安宫牛黄丸、温热至宝丸等。其中橘花仙馆的安宫牛黄丸，保滋堂的归脾丸、六味地黄丸、补中益气丸、安胎丸、蛤蚧定喘丸等产品，至今仍然畅销市场。

鸦片战争后，西医西药传入中国，使中成药行业遭受极大的打击，不少民族资本家被迫停产、停业或迁移内地，其中保滋堂就停业达7年之久。1938年10月，日本侵略军入侵广州，保滋堂分店的厂房、货栈、铺面被炸毁。在日伪政权的掠夺和摧残下，业主纷纷被迫关门停业，四散另谋生路，广州医药工业一落千丈。

抗战胜利后，欧美势力卷土重来，垄断了中国市场，货币贬值，苛捐杂税众多，使稍有生机的中成药企业重遭厄运。保滋堂药厂一次售出药品货款7万元关金券（当时纸币名称），转眼间贬值为1万余元。

当时，广州中成药企业规模不大、境况惨淡，个别企业更是几乎陷于绝境。据

》集兰堂祖铺旧址

》马百良祖铺旧址

公私合营时统计，37间私营厂合营时从业人员共有418人，平均每间有11.3人，最多的保滋堂药厂有48人，最少的宝山店只有1人。

2001年，继此前并入广州中药四厂后，中药一厂迎来最后一次重组。这次，是为了解决广药集团另一家子公司广州众胜药厂（创制于清朝的“李众胜堂”，由9家私营厂合并而来）的亏损问题，中药一厂吸收合并了广州众胜药厂，资产规模进一步扩大，产品梯队也得以进一步完善。

第二年，中药一厂迎来股份制改造，更名为“广州中一药业有限公司”，此后又加冠“白云山”品牌形成现名，坐拥“白云山”和“中一”两大中国驰名商标。而经过一系列的兼并和演变，曾经“前店后作坊”的小个体药店，已发展成为一家总资产7.5亿元，职工1200人的现代化大型制药企业和国家高新技术企业，位列全国制药行业100强。

解码三

不断创新：领头弄潮老字号依旧青春

“老字号品牌所积淀的厚重历史渊源是一笔宝贵的财富，每一个百年老字号都必须注重传承。”白云山中一药业董事长、总经理张春波说，和一些老字号不同，白云山中一在传承的基础上不断创新，屡屡成为时代的“弄潮儿”，可谓是一个既古老又年轻的企业。

1981年，当时的中药一厂率先成立国内第一家企业“中成药研究所”，开国内中成药企业之先河。此后短短5年，涌现出10多个新药，其中就包括消渴丸、滋肾育胎丸、乌蛇止痒丸、白蚀丸、胃乃安胶囊、心可宁胶囊、鼻咽灵片等，同时培养了一大批优秀的医药科研人才，一度被誉为中成药研发的“黄埔军校”。

而在技术创新之外，体制改革和品牌营销等方面的创新同样成为中一药业不断壮大的重要原因。1985年之后，国有企业体制改革进一步深化，中药一厂实行厂长负责制，开始突出企业负责人在经营管理中的领导作用。随着一系列畅销新药问世，中药一厂获得了巨大的声誉，也开始跻身国内一流中成药生产企业之列。

“要保持老字号的活力，必须在创新上下功夫，包括品牌创新、体制创新、机制创新、人才创新、经营理念创新、产品创新等等。”张春波说，近年白云山中

》20世纪八九十年代产品包装盒

一提出了“让老字号重新焕发青春”的方针，如在品牌上实施“白云山”“中一”双驰名商标战略，充分利用“白云山”品牌的市场影响力，推动安宫牛黄丸等产品的市场销售。“安宫牛黄丸连续三年同比增长超过30%以上，今年预计6000万元以上，将成为继消渴丸之后的另一个明星产品。”

掌柜言

传承精粹，敢谱新章

“做一家百年老店，最重要的工作是做好传承与创新。”张春波说，中一是传统医药文化的传承者，同时也谱写了中医药文化的新篇章。正如中一药业350周年庆典时全国政协前副主席叶选平的题词“传承精粹 敢谱新章”，中一一直是中医药行业的领先者。

在张春波看来，品牌是企业的生命，是企业经济效益和社会效益的结晶，对于医药企业而言同样如此。张春波认为，老字号企业需要在老品牌与新发展中找好平衡，尤其是应该善于用现代企业制度使老企业焕发新活力，在技术、产品、服务、营销上不断创新。在充分注重保护老字号品牌的同时，还要善于运用品牌的价值，随着时代变化不断丰富老字号品牌的文化内涵。只有利用好、发展好、保护好"精髓"，才能让老字号企业谱写出绚丽的新篇章。

在张春波的计划里，未来中一药业将以工业化和信息化建设相结合为支撑，谋求新一步的发展。除了积极向产业链两端发展，进一步抓好药材资源开发和品牌、市场服务渠道的建设拓展，还要积极向价值链高端发展——将经营和发展重点放在价值链上附加值较高的环节，做好省内外特色企业的并购，通过资本运作来实现创赢。

上河图

新厂更胜往昔

350余年的漫长岁月，沧海桑田，往事难寻。不管是曾经的广州双门底，还是后来的广州桨栏路64号、佛山升平路48号，1669年诞生的保滋堂，都已随战乱纷繁的故事远去，隐没在日新月异的高楼之间。只有从留存的老照片里，依稀还可以看见其他几家老药铺昔日简朴的门脸。

商号历经变革，企业起死回生，产品不断创新，记录着曾经辉煌的高官题字牌匾也已不知去向，但"养和种德""仁人利普"的精神，却口耳相传，延续至今。这家古老又年轻的百年老店，就是这样走过了悠长的历史，重新焕发出生机。

如今，在广州经济技术开发区，占地12万平方米的新厂房巍然矗立。绿树成荫的厂区、宽敞的GMP洁净厂房，现代化的包衣生产线、检验室，壮观的高架立体仓库，造型前卫的营销大楼……旧貌换新颜，如今胜往昔。

街坊议

嘘寒问暖，始终如一

"我很早就用中一药业的产品啦。"家住佛山禅城的陈绍贤说。她20世纪60年

》20世纪70年代手工生产大蜜丸，右图为20世纪80年代末消费者购买胃乃安

代末从沈阳的大学毕业，之后便随任空军机械工程师的丈夫来广东工作。由于当时自己做供销跑业务，吃饭经常不准点，久而久之便患上了胃病。“有一年中秋节，吃了四个小芋头，就呕吐到住院了。”

陈大妈回忆说，当时医生开了中药一厂产的胃乃安，发现效果不错，　年后胃病就好了。丈夫近两年患上了慢性鼻炎，她给丈夫买了中一的药，也成功治好了。“现在老百姓常用的便宜药不多了，中一这种国企产品有保障，价格也实惠，我是比较认的。”

在陈大妈看来，除了物美价廉、品种丰富，中一药业还有一个最大的优点，是对消费者的嘘寒问暖。每次电话买药，中一药业的客户服务部都会打电话回访，让老人家感觉很温馨。

论道

抱残守缺金字招牌也会失色

从前店后作坊、公私合营、国有药厂再到完成股份制改造，白云山中一药业的成长历程，浓缩了中成药发展跌宕起伏的历史图卷，亦可以看作是华南中成药发展史的一个缩影。

350多年时光荏苒，让中一药业不但继承了众多传统名药，还形成了以治疗糖尿病以及消化道、妇科、外科、五官科用药5大产品线为主导，6大剂型130多个品种的产品系列，其中独家品种21个，拥有发明专利35项。

百年老店的传承与创新，永远都是一个说不完的话题。然而，正如张春波所说，老字号确实是金字招牌，确实具有值得诠释的辉煌内涵，但老字号同样有着无法回避的弱点：体制僵化，机制不活，产品滞后，设备落后，观念陈旧，并且大多有人员老化、亏损负债的历史包袱。如果囿于传统的体制和机制，抱守老字号的招牌，靠着单一的传统产品做生意，那么，金字招牌也会黯然失色。

“在新世纪，老字号需要做好传承与创新的协调发展——既不能因为过于守旧而停滞不前，也不能随意改变而脱离历史传承。”张春波说，百年老店都有一个相对较长的历史演变过程，但在新世纪、新市场的当今时代环境下，并不能背靠青山吃老本。

在他看来，白云山中一药业品牌的成功，是一种综合的成功。中一药业至今能否保持活力，既有长期坚持的改革创新，又有符合市场规律的宣传定位和传播战略。正是因为不断保持创新求变的精神，才让中一药业无论在企业品牌还是产品品牌上，都扮演着中药行业中的领先者角色。

而对于更多的广东百年老店来说，如何从传统中汲取力量，面对这个不断变化的新时代，无疑是最应该思考的问题。中一药业的故事告诉我们，“老字号”和“现代化”之间，并没有什么无法逾越的鸿沟。

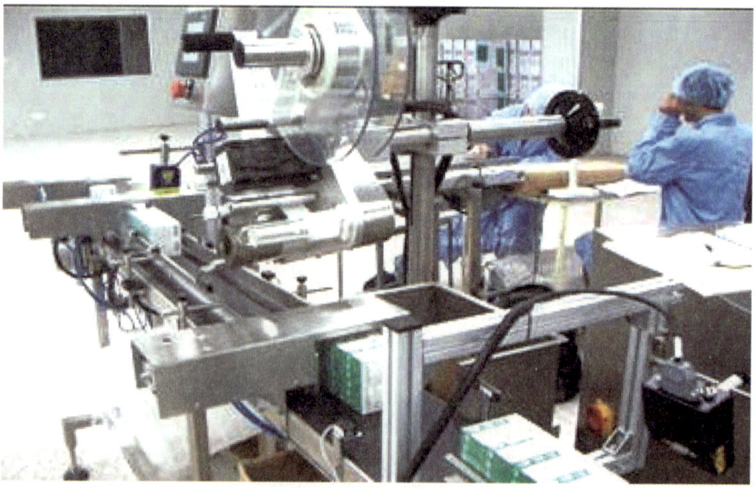

》中一药业实现药品电子化监管

■ 威水史

清康熙八年（公元1669年）

番禺人潘务庵在广州双门底（又名四牌楼，即今北京南路）开办保滋堂药店，既诊病又制售中成药。

清道光二十三年（公元1843年）

两广总督祁贡为保滋堂题写了“养和树德”四个金光大字的巨型牌匾，从此保滋堂声名远扬。

清道光二十六年（公元1846年）

保滋堂扩大经营，由双门底迁到桨栏路64号注册开厂。

清咸丰七年（公元1857年）

保滋堂在佛山豆豉巷（今升平路48号）开设支店，司理人是关作杰。

中华民国二十七年（公元1938年）10月

保滋堂分店的厂房、货栈、铺面被日本侵略军炸塌。

1956—1958年

由原保滋堂等15家厂社合并组成公私合营保滋堂联合制药厂。

1961年

公私合营保滋堂联合制药厂、公私合营辽善堂联合制药厂与地方国营为群磨粉厂大合并，取名为“保滋堂联合制药厂”。

1965年

以保滋堂等九间厂为基础，成立广州中药制药总厂。

1966年

保滋堂联合制药厂改名为“广州中药一厂”。

1979年

广州中药一厂与广州中药四厂合并。

1989年

广州中药一厂与香港华顺公司合资成立的同行业中首家中外合资企业广州中富药业股份有限公司开业。

2001年

广州中药一厂吸收合并广州众胜药厂。

2002年

广州中药一厂进行股份制改造，转制为广州中一药业有限公司。

2011年3月18日

广州中一药业荣获“中华老字号”。

2011年5月23日

“保滋堂保婴丹制作技艺”入选国务院公布的第三批“国家级非物质文化遗产名录”。

2012年4月27日

“中一”商标被认定为“中国驰名商标”。

2012年5月15日

广州中一药业有限公司正式更名为“广州白云山中一药业有限公司”。

文/牛思远　图/吴伟洪

冯了性：武术之乡走出“不老药王”

在武术之乡佛山市，走进禅城区佛罗公路35号，还未来得及抬头看“冯了性”的牌匾，人们已能隐隐闻到一股药酒味。这种奇特的味道，在岭南中药史上萦绕了350余年。

这药酒味，最早从明末清初，佛山豆豉巷内一家名为“冯了性”的小药铺传出。历经战火硝烟、年代更迭，这家小药铺在行业动荡中成长，又于现代激烈的竞争中逐渐壮大。曾同期起步的小药铺，许多都已经在岁月中消亡，被世人所遗忘。但“冯了性”却延续至今，成了人名、药名、企业名三合一的百年“金字招牌”，还赢得了“佛山药王”的美誉。

长青350余年屹立不倒的背后，这家百年老字号有着何种秘诀？“佛山药王”的传奇历史，又与岭南这块热土有着怎样的紧密关联？

解码一

“武”出百年名药：传承岭南特色，药酒畅销三百五十余年

说起佛山，许多外地人第一印象往往是黄飞鸿的“佛山无影脚”，叶问的咏春拳等武术故事。其实，同为中国传统文化的杰出代表，中医和武术理论同源，发展并驾齐驱又互相影响，可谓密不可分。故而“拳起于易，理成于医”的武林谚语，许多武术名家也往往是名医。

明末清初，佛山河涌纵横，湿气重，傍水而居的人们饱受风湿病痛困扰。其时，佛山因水陆交通发达，冶炼、陶瓷、纺织都已形成规模，武术更是极为兴盛。这些行业，轻则拳脚刀伤，重则伤筋动骨，市场更对跌打类成药有着庞大的需求。

》冯了性坐像

在家乡龙田村（现江门新会）经营药铺的冯炳阳，看准当地发展潜力，于万历年间（约1615年）举家迁至工商业名镇佛山。而伴随冯家一起来到佛山的，还有冯炳阳研制出的万应药酒。冯炳阳粗通医道和药理，万应药酒用于治疗风湿跌打，疗效确切，颇受欢迎。

不过，据说冯炳阳研制的万应药酒虽能缓解一时酸痛，但难有长效。冯炳阳之子冯嘉会天资聪颖又生性好学，为提高药酒功效，游历了不少名山名刹，访遍名医和高僧。传说，他因听闻南少林有高僧精通医术，便不远万里虚心求教，甚至一度削发为僧，得方丈赐号“了性”。

有心人，天不负，一心求教的冯了性终于寻得改良药方，经改良的万应药酒，对于治疗跌打撞伤、风湿骨痛效果显著。1659年，接管家业的冯了性，把改良后的万应药酒更名为“冯了性风湿跌打药酒”，并将药店定名为“冯了性药铺”。

从那时起，也开始流传一句“识就冯了性，唔识就误了命”，足见人们对于冯了性产品的信任。而据《验方新编》（清代鲍相璈著）记载：“有人瘫痪，四肢不能转动，百药无效，后服冯了性药酒一钱，浑身出汗，上吐下泻，半日后稍能举动，继续用冯了性药酒调理，霍然痊愈，神验非常。”

随着药酒的成名，冯氏家族人丁兴旺，成了佛山的名门望族。而随着冯氏后人的扩散，冯了性的名字及其风湿跌打药酒更是在河北、江西、河南、湖南、江苏、上海、浙江、成都、香港等地生根发芽，愈发壮大。至20世纪50年代，国内生产“冯了性药酒”的药厂超过15家，只是为因应各地的天气及习惯，处方及工艺稍有差异。

发展到今日，在湖南、湖北湿气较重之地，冯了性风湿跌打药酒甚至已经融入当地人的生活。不少人至今仍然保留着逢年过节提上两瓶冯了性药酒走亲戚的习惯。现在的冯了性药业，这款走过350余年的药酒也成了名副其实的明星产品。去年公司2.4亿元的销售额中，仅冯了性风湿跌打药酒单个品种的销售额就占总销售额的50%。

解码二

“革”出现代中药路：研发蜡壳自动封装机，掀起药企创新浪潮

冯了性350余年的长青基业，靠的并不仅仅只是祖传秘方。在传承的同时，冯了性不断与时俱进，推进产品与工艺创新。

20世纪50年代，全国上下公私合营潮流试图化解这场危机。在冯了性后人冯翰的主持下，重现生机的冯了性也于1957年参加了合营，与另外56家前店后厂的医馆、药铺一起并入佛山联合制药厂。

在国家的扶持下，佛山联合制药厂不断通过技术改造，扩大生产和改善工艺，生产量逐年增加，质量也不断提升。改革开放后，生产量更是逐年增加，1985年、1990年两度获国家质量银质奖，1997年更成为首家中药保护品种。

》过去传统包装的各种冯了性药业产品

但研制新药需要较长的周期，且2000年以后，国家对于新药批文的监管越来越严格。冯了性坚持创新，但并不沉迷于盲目开发新品。相反，在认真对市场变化进行分析后，冯了性开始大刀阔斧地进行剂型改革。

原来，传统中药的剂型主要是丸剂、散剂、酒剂、酊剂、膏剂等，随着时代的发展，80后90后新兴消费人群对中药的许多传统剂型表现出相当地不适应。例如冯了性风湿跌打药酒属于酒剂，许多年轻人并不习惯药酒刚抹上时刺鼻的味道。

2010年开始，冯了性对风湿跌打药酒进行二次开发，研制冯了性风湿跌打药酒巴布剂。这项研究被评为“2010年粤港关键领域重点突破项目”。项目成功研发出了一种膏状的新剂型，使用起来像传统的膏剂，但不会产生传统膏剂所存在的黏稠感觉，而且还能实现反复使用。

冯了性药业的创新不仅仅停留在自身产品，还走到了产业链的上下游。它从自身产品发展需要出发，反过来推动中药传统工艺创新，多次研发出了加快中药现代化生产的机器设备，掀起中药厂的车间革命，革出了一条现代中药之路。

》工人在生产车间对蜡丸封装机生产的大蜜丸进行检查

其中蜡壳自动封装机的研发一直为业界津津乐道。蜡丸密封是岭南中成药的传统特色，不仅可以保证药丸在运输和存放中的安全卫生，还能适应岭南地区高温湿热的特殊地理气候，让药丸实现长时间不挥发变质，又方便携带。

20世纪80年代，冯了性药业用了整整7年的时间，研发出国内第一台全自动蜡壳封装机。机器的研制成功，直接让蜡壳可能含带的细菌指标由18万降到了10万以下，使得整个药剂的制作过程更加安全、高效。

》传统手工制作大蜜丸的工艺

解码三

“诚”就药王传奇：坚持传统制作方法，“制药以诚　精益求精”

如果说传承与创新是冯了性最大的企业品质，那么“诚信”二字则是它深入骨髓的企业基因，是冯了性能够在中成药发展长河中一直屹立不倒的重要支撑点。

据史书记载，清朝乾隆三十二年（公元1767年），在佛山禅城区升平路一条约200米的巷子内聚集了27家经营药行的店铺。到了道光年间，各药行向腹地扩散，全行业店铺近100家，生产品种达到数百种，据佛山地方志中记载，包括冯了性在内的药铺都从这条名为“豆豉巷”的地方发展起来。

而这条小小的巷子因为诚信而名扬海外，每天客商络绎不绝。当年豆豉巷不足一百米的街区，但凡有中药材需求的客商，必会到此进货，因为唯有此巷货品为正。

从当年豆豉巷走出来的冯了性，在350余年里，药铺、工厂、企业几经更迭，却依旧保持着诚信的品质。当年公私合营，为冯了性药业带来了梁仲弘蜡丸馆的抱龙丸、马白良的儿科七厘散、李众胜堂的保济丸、蛇王满的蛇胆川贝散等传统名药。

2000年，佛山市制药一厂改制，选择了恢复“冯了性”的老字号，更名为“佛山冯了性药业有限公司”，但却继承了这些传统产品。可以说，现在的冯了性药

》十余年前，冯了性药业的生产车间

业，不仅是过去冯了性药铺的继承者，更是佛山众多知名中药老字号的接班人。

恢复名号后，冯了性药业更加注重传承传统的中成药品种，众多传统名药至今仍在销售，并推动这些产品入选“广东非物质文化遗产名录”，进一步扩大知名度。如今，冯了性药业在对中成药的购进、选购、配料乃至后续生产中，也像前辈们一样把质量放在首位。

中药原料在采摘季节、地域性以及药用部位都十分讲究，在纯中药的制药过程中，如果用料不讲究，药材的用量不足，往往用极低的成本就能生产出来，但这样的产品在疗效和安全上均存在隐患。在目前中成药行业竞争激烈的年代，冯了性的一些销售人员曾经不解地跑回来对公司表示，同一类产品，市面上流通的价格最低的甚至只有冯了性的一半。

“如果是这样的价格，选用正宗配方，根本是不可能做出来的。”佛山冯了性药业有限公司常务副总经理谭珍说道。尽管面对如此激烈的市场竞争环境，冯了性药业依旧坚持“制药以诚”的态度，绝对不为打价格战而偷工减料。

与此同时，坚持用良心制药的冯了性，仍然一代代传承着经典传统的炮制方法以保证药效的最大发挥。也正是这种诚信的态度，让冯了性赢得良好的口碑，成为延续350余年的不老“药王”。

掌柜言

传承中药文化　续谱药王传奇

有“药王”美誉的冯了性，销售额呈逐年增长趋势，去年公司销售额达到2.4亿元。但对于目前国内中成药行业发展面临的形势，佛山冯了性药业有限公司常务副总经理谭珍坦言，存在多重挑战。

“从大趋势看，一方面中成药与西药的竞争一直存在，另一方面，就中成药自身而言，一些传统剂型正逐渐不受市场所喜爱。”谭珍说，特别是新兴消费人群，对丸剂、膏剂等，接受程度并不高，这对包括冯了性在内的中成药企业是首当其冲的挑战。

谭珍表示，除了积极进行剂型的改革，冯了性一直希望能走出一条新路。“我们希望在最大限度保留传统中药文化的同时，又能做到适应市场变化。”

在致力于传承中药文化上，冯了性还有一个筹备已久的想法。

早在2000年，不断加快工艺与产品创新的冯了性，开始有意识地保存许多传统制药工具。目前，在冯了性的工厂内，有一间小小的房间，里面堆满各种“古董”，比如用于秤微量贵细料药材的厘等称，当时通过订制才能买到，现在已经基本不再使用，但工具本身却非常具有历史价值。

谭珍透露，收藏这些工具是为了日后筹建中药博物馆。目前，国内不少领衔中药企业都已经在这方面有所建树，既有利于扩大企业品牌影响，更推动了中医药文化的传播。而冯了性作为佛山乃至广东都非常有代表性的老字号中药企业，显然当仁不让。

街坊议

小时候家中标配“冯了性”

“我们小时候走亲戚的时候，都喜欢提着两瓶冯了性风湿跌打药酒。”在佛山工作多年的湖南人何华说道。每当提到冯了性，何华总会回忆起儿时的故事，让他感到特别亲切。

作为冯了性的代表性产品，冯了性风湿跌打药酒在广东一般只被用于外用，但在湖南、湖北等地却都会有内服的习惯。何华说，只要闻到冯了性药酒的气味，小时候淘气调皮的往事就会浮现心头。

同样对冯了性有亲切感的人并不少。即使是一些未曾使用过冯了性产品的人，也能感受到冯了性产品陪伴成长的亲切感。

“我知道啊，识就冯了性，唔识就误了命！”去年大学毕业的佛山官窑人小孙，一听到“冯了性”就马上脱口而出。小孙说，其实自己并没有用过冯了性的产品。但在他的成长经历中，因为父亲从事搬运工作，家里从来都不缺一瓶冯了性风湿跌打药酒。

事实上，在岭南以及国内不少地区，冯了性的产品，特别是明星产品冯了性风湿跌打药酒，因为价格低廉，药效明显，早已是不少家庭药柜中的“标配”，陪伴着一代又一代人的成长。

上河图

百米壁画浮雕　看尽佛药春秋

踏入冯了性药业的厂区，随处都能闻到浓郁的中药味。放眼望去，不足5万平方米建筑面积的整个厂区一片绿意盎然。据说，因绿化面广，冯了性药业已经连续多年被佛山市授予“园林式工厂”称号。

在这座园林式工厂内，到处是“中味”与“药味”的设计风格。厂区内综合楼的设计正是两者兼具的最好代表。如果你从半空中俯视，还会发现整座建筑的外形和四楼中庭的剖面，都俨然是嵌套的一大一小两颗钻石，寓意中药的历久不衰和冯了性药业的长盛久固。

综合楼内藏着一幅展示佛药春秋的巨型雕塑。这幅全长100米的浮雕环绕于综合楼四楼的中庭之上，高1.38米，由玻璃钢镀钢制作而成。

整个浮雕分两层，上层是以传说轶事为主，讲述了“仙女送药”“送药赠医”“五鬼运财”等多个带有传奇色彩的故事。下层的雕塑则以写实为主，描绘了

》佛山中成药发展史浮雕上对冯了性的介绍

包括“古镇五朵金花”“豆豉巷传奇”等。

仅仅100米的雕塑长卷，可谓写尽佛药春秋，也带出了冯了性350余年的发展历程，细细观之，让人不禁感慨万千。

论道

传承创新不能少　做大做强是王道

曾经有调查显示，在中国，民营企业平均寿命只有3.5年。于是，如何把一家企业打造成百年老字号成为了许多企业家孜孜以求的理想。

350余年发展历史的佛山冯了性药业有限公司是中药行业内不折不扣的老字号。昔日佛山豆豉巷中数百家药铺，在长达数百年的时光里，能走到后期的少之又少，冯了性药业却凭着一瓶风湿跌打药酒长青于岭南中药行业。

350余年的发展历程中，冯了性坚持对传统中成药的传承，让它拥有深厚的文化底蕴与历史价值。同时，对现代中药的不断创新，又让它焕发出强大的生命力与现实价值。

如今，“冯了性”三个字依旧是岭南药界一个响当当的名字，多款经典产品频频入选“非物质文化遗产”。但正如佛山冯了性药业有限公司董事长杨雄辉所看到的，这种长达数百年的荣耀背后也有着不能回避的隐忧——目前冯了性的产品大多以中低端为主，销售区域相对集中，还未真正成为全国品牌。

杨雄辉表示，过去，冯了性依靠与时俱进，不断推进产品、工艺的双重创新，从而适应市场发展的需要。现在，面对新时代的挑战，冯了性除了继续坚持继承传统和技术创新，还要不断加大品牌建设力度，“拔高”品牌。

“在并入中国中药后，从上市公司全盘规划的角度，未来冯了性将不断加大文化推广力度。”杨雄辉说，新的时代背景下，像冯了性这样的百年老字号，必须要以“文化牌”提升企业品牌的影响力，从而加快做大做强的步伐。

■ 威水史

1659年

冯了性集成父业将药铺改为“冯了性药铺”，将父亲始创的万应药酒改为冯了性风湿跌打药酒。

1957年

实行公私合营，由冯了性药铺等57家制药店铺组成佛山联合制药厂。

1977年

研制成功480型蜜丸蜡壳封装机，填补了当时国内重要蜜丸包装机械化的空白。

1981年

研制成功的600型蜡壳封装机获广东省科技成果奖。

1985年

抗骨增生片被评为广东省优质产品，冯了性风湿跌打药酒被评为国家银质奖。

1989年

获广东省委、省质量管理协会颁发的“广东省质量管理先进企业”称号。

2000年

恢复了已有三百四十五年历史的“冯了性药铺”传统老字号称谓，定名为“佛山冯了性药业有限公司”。

2003年

冯了性药业经广东省医药行业协会授予“广东省医药行业创新质量、诚信经营企业”称号，同年公司“冯了性”商标成为首批“佛山市知名商标”之一。

2005年

“冯了性”商标经审评被确认为“广东省著名商标”。

2006年

中华人民共和国商务部发布公示，冯了性药业有限公司被认定为第一批“中华老字号”企业。

2007年

被认定为“广东省医药生产经营诚信示范单位”广东省高新技术企业。

2011年

冯了性风湿跌打药酒被列入“广东省非物质文化遗产目录”。

文/叶洁纯　万见　图/戴嘉信

广州酒家：不负“食在广州”盛名

广州西关上下九，游人如织，繁华喧嚣。走进著名的广州酒家，“食在广州第一家”的大字气势如虹，引人瞩目。大堂里，花灯高悬，古色古香，假山流水，人声鼎沸。就是在这里，“老广”们伴着“一盅两件”饮茶吹水、谈笑风生，绘就了一幅广州市井民俗生活的画卷。

正所谓筵开百席，座盈千客，名流云集，厨王争霸。70多年前广州西关的食肆鼎沸已然沉淀在历史记忆里，但老字号广州酒家依然陪伴在新老广州人身边，鲜香浓郁，体现着粤菜一脉相承的历史积淀。

粤菜名列八大菜系之一，是广州乃至广东的一张名片。以“广州”命名的西关老字号广州酒家，始建于1935年，从演绎厨王传奇到风靡广州城内再到几起几落，如今生机依旧，名满天下，成为中国餐饮史上不得不提的知名字号。

解码一

专业主义：重金礼聘“厨王” 传承粤菜“厨德”

1935年，广州酒家（前身西南酒家）开张之初便立志于成为一家高档酒家。

如今，在广州酒家文昌店，广州酒家集团股份有限公司董事长林杏绮说起初创历史，眼里闪烁着几分骄傲。林杏绮告诉记者，从初创开始，广州酒家就已经奠定了成为百年老字号的大格局。这其中，创始人陈星海功不可没。

20世纪30年代，西关食肆林立，竞争激烈。陈星海将酒家的地址选在文昌路与上下九交界的地块，正处于老西关中心，扼守十字路口。对于对选址和人流要求较高的餐饮行业来说，如此绝佳的选址，广州酒家的成功已经实现了一半。

在此基础上，高档酒家的定位是广州酒家在民国时代成为知名酒家的关键所在。当时，广州酒家以“广州第一家”自诩，着力营造“名店、名厨、名菜”的形象，重金礼聘名厨，舍得花钱装修环境，最早开始广告宣传。

彼时，广州酒家不仅拥有“世界厨王”梁贤、“南国厨王”钟权，在“省港澳点心四大天王”中，广州酒家更占了3个：禤东凌、欧标、李应。

“宋子文、蔡廷锴、陈济棠、张发奎、余汉谋都是广州酒家的座上客。”林杏绮介绍，初创时期，广州酒家迅速窜红，来此的顾客里有众多社会名流、军政要员，不少人还为酒家留下了墨宝。

当时的广州商会会长邹殿邦，曾订做了一块黑底金字的大牌匾，雕刻“广州第一家”5个正楷大字，敲锣打鼓送给广州酒家，高悬于酒家大堂之上。“食在广州第一家”声名鹊起。

直到今天，对名厨、名菜的重视依旧是广州酒家的王牌。

已经退休的广州酒家滨江西分公司前出品总监、行政总厨吴自贵师承名厨黄振华，在广州酒家一干就是30多年，即使是一道简单的炒牛肉也丝毫不敢马虎：“牛肉要切得整齐划一，炒菜时要讲究火候，注意油温，牛肉要酥软。”“学徒时，师傅要求我每天早上7点就要到厨房，从打扫卫生做起。”吴白贵说，师傅教育徒弟要讲“厨德”，“方向不对是行不到目的地的。”

》20世纪40年代广州酒家门面

正是这一代又一代的传承，广州酒家的“厨德”得以发扬光大。如今，新一代的大厨融会南北东西菜品，创造出了更多既保留广东菜风格又符合现代人要求的菜品。

解码二

历久弥坚：从重建到重组　老字号弦歌不辍

经典必经磨炼，初创的辉煌结束后，广州酒家先后经历两次磨难。

1938年，日军攻陷广州，当时的西南酒家被焚毁，繁华归于灰烬，广州酒家面临历史上第一次生存危机。

“这里面有一段有趣的故事。”林杏绮饶有兴致地说，当年西南酒家被焚毁后，创始人陈星海悲痛万分之余发现，酒家供奉的关公神位竟完好无损。这让他认定是关帝显灵，昭示他一定要重建酒家。

借神灵之名，陈星海牵头集资重建西南酒家。随即，有广州“第二代茶楼王”之称的谭晴波、建筑商骆衡川、行业中人陈中汉与创始人陈星海、关乐民四方筹措，集得108股，每股大洋500元，合5.4万元。

1939年，广州酒家成功复活，并取“食在广州”之意，改店名为“广州大酒家”，一个更加气势恢宏的酒家拔地而起。

时间来到1949年，广州百废待兴，广州酒家不久后陷入第二次歇业。加上往年支撑广州酒家消费的富贵人群已经逐步开始消亡，其目标客群日渐缩小，失去了生存的根基。

这时，在党和政府的大力支持下，蔡伟汉等股东又发起筹资，于1951年2月恢复了经营，目标客群也变成了众多的中小业主和普通劳动人民。1956年的公私合营大潮中，广州有的老字号被合并了，有的倒闭了，而广州酒家幸运地在公私合营后得以重整旗鼓。

凭借卓著的声誉，广州酒家此时在广州餐饮界占据了重要地位。1956年和1983年，广州市第一、二届名菜美点展览先后在广州酒家举办。而从1957年第一届“广交会”开始，广州酒家更被指定为广州市对外接待酒店。广东省和广州市的政治性活动接待，不少也都由广州酒家主办。

在物质条件较为贫乏的当时，广州酒家也充分发挥了创造性。20世纪50年代末，广州市人大曾打算举办一次酒会，窘迫的物质条件并未难倒广州酒家。当时的厨师陈明独具匠心，制作了“番薯宴”，全部菜品都用番薯制作，但设计成不同的造型、味道和款式，别有风味，成为一时佳话。

解码三

改革先锋：与国际接轨　从文昌路走向全广州

改革开放后，广州酒家开始快速发展。

在当时尚占主导的计划经济中，广州酒家并未如现在人们认为的地位独大。在系统排名中，广州酒家仅排名第六，戏称“小六”，各种资源分配都是按此排排坐。

但广州酒家人并不认命。早在1983年，广州酒家就率先引进香港的经营方式。首先是进行酒家翻新，自筹资金和贷款共600万元全面装修，大大提升了酒店的硬件

》1984年国庆时广州酒家门前场景

水平。从外望去，4根大柱气势宏大，意大利贵妃红花岗岩镶耀眼夺目，楼檐下装有4组大吊灯光彩熠熠。内部庭院翻新，富丽且古典，具有浓郁的西关风情，并率先在房间里装了空调。

》店内随处可见的“满洲窗”，让人感到一股无处不在的西关风情

其次，广州酒家也在餐饮系统最早实行公开招工，服务员全部要求五官端正，最好能讲一些英文。次年，广州酒家又改革软件，加强管理，制订食品质量标准，建立以“岗位责任制”为中心的管理章程，提出了“顾客至上、质量第一”的要求。

“对客人要像对朋友一样。”广州酒家前服务总监王顺美用这句话总结了广州酒家“以客为先”的服务理念。“有客人喝醉了，说话很大声，还吐了一地。我们的服务员不会有嫌弃的表情，而是端上一杯热茶、递给他一条毛巾。”

1989年底，广州酒家“砸”1000万元在滨江西路开了第一间分店。巨额投资面临着巨大的压力，但这家分店的成功证明了当年广州酒家的眼光。此后，广州酒家的分店遍地开花。截至2013年，广州酒家已开设13家餐饮连锁店，遍布广州各区。

解码四

多元战略：发展食品工业　跻身全国十强

在经营好传统餐饮业务的同时，广州酒家也开始尝试多元化发展，探索出餐饮食品两条腿走路的模式。

1998年，广州酒家首期投资2亿元，建立占地面积10万平方米的大型现代化食品生产企业——利口福食品公司。如今，利口福已成为国家食品工业重点企业，是多项国家技术标准的制订者和参与者，顺利通过美国食品药品监督管理局（FDA）的审核，食品安全生产达到国际先进水平。

“莲子要在最好的基地生产，采购的鸭蛋要去基地看鸭吃的什么饲料，鸭蛋的大小也有要求，同时还要检测咸鸭蛋里的含油量……”林杏绮说，安全和质量是食品的生命线，正是因为注重细节，才让利口福的月饼做到了产销量全国第一。如今，中秋月饼已经是利口福食品生产模块的拳头产品，还被中国饭店协会授予“中国月饼第一家”荣誉，成为广式月饼的代表。

也正是因为这份对食品安全和质量的坚持，尽管在2005年到2008年广州酒家集团没有增加一个门店，但仍然实现了每年销售额利润30%到50%的增长。同样因为这份坚守，在其他商家月饼“跳楼甩卖”的时候，广州酒家的月饼坚持先款后货，即使不降价也依然供不应求。

如今，78岁的老西关食肆已然成为包括大型食品生产基地、高级酒家及数十间连锁食品商场的大型饮食企业集团，跻身全国餐饮业十强，更在中国餐饮业历史里写下粤商的传奇故事。

论道

广州酒家的“变”与“不变”

曾经有广州食客将喝早茶的照片“晒”到微博上，引来粉丝评论“这一定是在广州酒家”。问及原因，只因碗碟白净，菜肴精致——这大概是广州酒家给众多顾客留下的第一印象。

广州酒家马上就要80岁了，在众多老字号还在为生计犯愁的今日，广州酒家能够做大做强，着实令人尊敬。究其原因，就在“变”与“不变”之间。

变，是广州酒家顺应每一次时代变革，从内部着手优化企业制度和流程，做到真正的与时俱进、敢为人先。

改变不了市场，就只有改变自己。这是林杏绮常对下属说的一句话。“每一个时期，我们都把握好时机，紧跟政府的政策号召，需要改制的时候我们就改制，广州酒家捕捉商机的触角还是比较敏锐的，否则就生存不下去了”。

林杏绮曾在接受媒体采访时表示，广州酒家在老字号中总是先行一步。比如，在贷款还被人们视为“冒险”的年代，广州酒家就以40万资产贷款400万元；又比如，在改革开放初期，广州酒家已经开始和市场接轨，向外资企业学习。

当然，对于钟情于广州酒家的食客来说，其一直保持不变的是精致的菜品、贴心的服务和舒适的用餐环境。不仅如此，对质量、管理、服务等精益求精的追求也使得广州酒家在市场竞争日益激烈的今天，把生意越做越红火。

林杏绮一直认为“打造一个老字号品牌需要几代人的努力，但是毁掉一个品牌只需要一瞬间”。继承了老一代广州酒家人居安思危的精神，如今的掌舵者对这间78岁老食肆始终保持着高度精细和规范的管理。

掌柜言

多谢这帮长情的街坊

林杏绮在广州酒家服务了30多年。用她自己的话说，接任广州酒家集团一把手时，她已经对这个企业的许多事情“一目了然，心中有数”。接管广州酒家集团后，着力在团队、技术和市场三方面下工夫，形成了严格稳固的管理方式和多元化的发展理念。揣着这份“明白”，林杏绮正带领她的团队在“打造国际一流饮食集团”的道路上昂首阔步。

》广州酒家真诚服务顾客

“广州酒家旗下的各个品牌和工厂，不是一个个简单的个体，他们是统一体。”林杏绮说，在餐饮方面，她希望广州酒家真正做到名副其实的“食在广州第一家”。

林杏绮说，能成就如此美名的，是广州酒家那些“挑剔”的食客。“多谢这帮长情的街坊。”林杏绮有些动情地说，老顾客就是广州酒家的监督员。“一道菜，哪怕少了一块排骨他们都会说，因为他们就像我们的父母一样，希望我们‘成才’。只要他们愿意说，就代表他们是爱广州酒家的，如果不满意，下次大可以不再来了”。林杏绮自信广州酒家提供的是三星消费、四星服务，接受的是来自消费者五星级的批评。“广州酒家是难得的用地名命名的酒家，我们更有责任将广州的饮食文化发扬光大”。

“我的理想是打造一支餐饮全业态舰队，既有‘广州酒家’这个老字号品牌，又有‘利口福’食品工业品牌，也有高端餐饮与快餐品牌。”林杏绮说。

目前，广州酒家集团已经发展成为一家拥有13家餐饮门店，一个大型食品生产基地，近100家利口福连锁食品商场的大型综合饮食企业。一个更好的消息是，广州酒家集团正积极筹备整体上市工作，正在通向“百年老店”的道路上大步前行。

上河图

西关音声声入耳

广州上下九，游人如织，市井热闹。行至文昌路口广州酒家，越过门廊，只见“食在广州第一家”几个大字映入眼帘。

早市时分进入酒家，内里一派古色古香，伴着绿竹花草。走廊上方悬挂着六角花灯，迎面微笑走来的服务员以白话问候道：“早晨”——这里是“老西关”的集散地，西关音声声入耳。

再往里走，天井内那棵标志性的榕树为广州酒家平添了几分生气；一楼的假山鱼池也为这个拥有78年历史的老字号增添了不少诗意。

》坐落在老西关上下九的广州酒家老店

“标叔，早晨！”三楼玫瑰厅里，忙着招呼上菜的服务员一眼就认出了书法家张标，每天早晨他一定准时捧着报纸，出现在那张四方桌边。旁边，几桌西关熟客正饮茶吹水，配上“一盅两件”，好不惬意。

街坊议

廖绍广：从肥仔、肥叔到肥伯

小时候，我还是个“肥仔”，就被家人抱着来喝茶了。现在我已经73岁了，广州酒家的服务员对我的称呼从“肥仔”变成了“肥叔”，现在已经是“肥伯”了。

年轻的时候，我中意在这里和父亲的朋友聊天，天南海北什么都聊。之所以钟情于广州酒家，是因为这里有老西关的情调。也试过其他酒楼，始终觉得还是广州酒家最干净，从此就锁定了这家。现在，很多以前一起喝茶的老人家都已经过世，我也开始慢慢和来这里的年轻人讲一些人生的经验和道理，不过肯定没有前辈讲得好啦。

张标：一盅两件，风雨不改

从1982年开始，我每天早上都来广州酒家喝茶，风雨不改。时间久了，不来就不舒服，每天早晨起来就像条件反射一般一定要来喝茶。

我现在已经79岁了，可以说是见证了广州酒家的发展历史，而且对广州酒家有很深的感情，所以我娶儿媳妇、嫁女儿都是在这办酒。这里的服务好，干净卫生，而且价格可以接受；每隔一段时间，广州酒家的装修还会变化，真的很好。

在夫人去世前，我们常常一起来饮茶，点上“一盅两件”，一坐就是几个小时。现在，我有时和朋友、学生还有小孩一起饮茶，每次都是在文昌店三楼玫瑰厅的这张四人方桌上，满屋子都是熟客，感觉很好。

■ 威水史

1935年

由光复南路英记茶庄店主陈星海始建“西南酒家”。

1938年

酒家毁于火灾。

1939年

由陈星海、关乐民、廖弼等人集股重建复业，并取“食在广州”之意更名为“广州大酒家”。

1950年

广州酒家歇业，后由蔡伟汉出资复业。

1956年

公私合营后成为国营企业。

1950年代末至1970年代末

广州酒家在饮食业原料十分紧缺的情况下，一方面研制以瓜菜、番薯等物料作包点、馅料的代用品，保证大众化供应；另一方面则钻研烹饪技术，为广交会供应创制名菜名点。

1988年

被商业部评定为“国家二级企业”。

1989年

开设滨江西广州酒家分店，现已发展有滨江西、天河体育东、黄埔、五羊新城、芳村等多家分店。

1991年

正式成立广州酒家企业集团，大力发展食品工业，企业规模不断发展壮大。

2006年

被国家商务部评为“中国十大餐饮品牌企业”。

2009年

广州酒家集团全面转制为股份有限公司，同时开始筹划上市。

文/唐柳　图/吴伟洪

太平馆：一店尝世界，往来皆鸿儒

太平馆是广州市最早的一家西餐厅，内部环境幽雅，充满欧陆风情。

作为美食之都的广州，百年老字号餐馆并不罕见。其中，坐落在北京路北段的太平馆是历史最为悠久的西餐馆。自19世纪末年广州人徐老高在太平沙售卖西式煎牛肉开始，这间餐厅已经走过一个半世纪的时光。

作为首个中国人自己经营的西餐厅，几起几落的太平馆，成为广州西餐业发展

》太平馆位于北京路的铺面（新华社陈学思　摄）

的一个历史见证。太平馆的兴衰浮沉，也几乎是一部中国近代史。

在这里，中国人第一次尝试着用本地调料，西式做法，开始了“张开嘴巴吃世界”的历史；在这里，剪掉了辫子的中国人，穿西装喝红酒，用刀叉一寸寸“切开”牛排的同时为自己掀开另一种新生活；在这里，还有如周恩来、邓颖超、鲁迅、郭沫若、邓演达、何应钦、钱大钧、张治中等知名历史人物的轶事。

直到2005年，太平馆重新开业，安静而专注地做起西餐生意。如今在北京路331号原馆斜对面，又开设了一家新馆，2014年6月底开门迎客。今天，在太平馆里，还悬挂着当年周恩来的照片，时不时有人慕名前来，品尝这里的“总理套餐”，重温周恩来总理“三顾太平馆”的故事。

如今，西餐已经不再如当年那样稀奇和时尚，但回首过往，与“吃西餐”这个曾经最时尚的社交方式相伴的，却不仅仅是一家饮食老字号的生意。曾经流连此处的那些新思想，朝气勃勃而又充满理想的人们，早已和太平馆融为一体。这家百年老字号的价值，也随着它的重焕生机，成为人们念念不忘的又一个话题。

解码一

开嘴尝世界：谁说西餐一定要“正襟危坐”？

你若翻开任何一本西餐礼仪手册，会看到这样的字眼：“上臂和背部靠到椅背，腹部和桌子保持约一个拳头的距离，两脚交叉的坐姿最好避免……”仅仅是这两三句话已经足以让人直冒冷汗了，复杂程度不下文科生学数学。作为“外来品”，西餐在国人的眼中，一直以来都等同于精致生活。

幽暗的光线，摇曳的烛光，香浓的咖啡，玫瑰色的红酒，诱人的美味……一想到西餐，人们总是会把它和诸多浪漫而优雅的元素联系在一起。令人想象不到的是，当这种饮食文化初次登陆广州的时候，它并不是一开始就步入大雅之堂的。西餐作为一种民间的饮食供应，首先是以街头流动小摊档的面目，出现在广州人面前的。这一切和一个叫徐老高的人有关。

徐老高，广州西村人氏。清朝末年，他是当时广州大名鼎鼎的沙面“其昌洋行”的一名厨师。学了一身西洋菜烹饪厨艺的徐老高，离开洋行后开始了在今天北京路太平沙一带的练摊生涯。徐老高的小吃摊位于今天北京南路太平沙南堤二马路海员俱乐部所在地。因地取名，他挂出了“太平馆”的招牌，但和广州街头传统的小吃摊不同，太平馆不卖钵仔糕、不卖艇仔粥、不卖炒粉，也不卖裹蒸粽，卖的是徐老高自己最拿手的西式煎牛肉。

太平馆在广州最繁华的太平沙开业的这一年，是咸丰十年（公元1860年）。这一年随着《北京条约》的签订，清政府将界限街以南的九龙半岛割让给英国。当大清帝国正摇摇欲坠之时，太平沙的徐老高却在困顿中为自己打拼出一道光亮来，更重要的是，不论是有意或者无意，他已然成为与国际“接轨”的先驱，成为为中国人民提供“张开嘴巴吃世界”之资源的第一人。

当他在太平沙叫卖煎牛肉的时候，不会想到，自己肩上的担子正在孕育“中国人自己的第一家西餐馆”。太平馆生意越做越好，很快就结束了“风餐露宿”的历史，从室外搬到室内，成为初具规模的专营西餐的餐馆。经过徐家三代人的艰苦努力，于1927年在现址承顶了国民餐室改为太平馆分店，此后，还于1936年分别在香港的湾仔和上环以及1944年在广州第十甫增设太平馆分店。

解码二

谈笑有鸿儒：饮食场所也是新思潮聚集地

20世纪30年代，西餐已经成为中国上层社会的一种风尚，许多有钱人家都有专门的西餐厨师，而到国际饭店吃西餐，更是当时最时尚的社交方式。所以，即使太平馆当时的东西并不便宜，但依然门庭若市。据徐氏后人称，当时烧乳鸽每只一元，葡国鸡五元，焗蟹盖六角，而当时普通广州市民的每月伙食费才四五元。太平馆的顾客，主要是军政要人，其次是银行界、医务界、知识分子和富家子弟，一些在广州的外国人也常常来此光顾。当年，李宗仁、宋子文、张发奎、李济深、林森都曾是这里的座上客，文学大师鲁迅、郭沫若、郁达夫也曾光临。

从这些进出太平馆的人不难看出，当时太平馆的顾客非富则贵，还包括一批颇具新思潮的人物。作为广州第一家西餐厅，随着清末民初的“西学东渐”，具有新思潮的中国人开始剪辫子、穿洋服，接受西方文化，尝试着吃西餐也成为了一种具有象征意义的行为。一个很典型的案例就是，几乎在西餐馆太平馆兴旺的同时，北京路边的昌兴街上也形成了洋服一条街，而这里就专门制作新式的洋装，包括西装和礼服。

》太平馆

来太平馆吃西餐的人会自觉穿着比较正式的服装，男士一般都是穿着西装。

太平馆的名气，也很大程度上缘于周恩来和邓颖超曾经在此举办婚宴的传闻。记得有人凭回忆记录下当年周邓二人曾经点过的菜，有烧乳鸽和鸡丝炒饭，经过整合再加工，它们便成为现在太平馆餐牌上的“总理套餐”和“总理夫人套餐”，包括粟米鸡忌廉汤、烧乳鸽伴时菜、鸡丝炒饭，雪糕，咖啡或茶等。虽然后来有当年的见证人纠正错误：周总理新婚时到太平馆用餐确有其事，但并非宴请宾客云云，但是归根结底，周总理是来太平馆吃过饭的。不仅如此，周总理似乎对太平馆念念不忘，又再度光顾过这里两次……

解码三

菜式本土化：中西合璧承接“会送”服务

从一开始，在太平馆这间首家由中国人自己经营的西餐厅里，中国人吃西餐这一行为就已经带上了浓浓的本土味道，徐老高的煎牛排更对中国人的胃口，因为他用的是中国的酱油。

太平馆的招牌菜之一——烧乳鸽，本是粤菜馆里常见的一道菜，太平馆的烧乳鸽采用自家调制的独特烧汁进行熬煮更是成了店里的“明星菜”，平均每天卖出80只左右，多时可以卖150只。太平馆的烧乳鸽，一直以采用自家调制的独特烧汁进行熬煮而出名，调味上色后再油炸出炉，体型肥硕、脂滑丰腴，含汁鲜甜、肉质细致，中西兼具的做法，烹制出来的烧乳鸽胜过了当时广州所有以烧乳鸽著称的中餐馆。

1945年，抗日战争结束后，一度停业的太平馆重新开张，顾客却发生了变化。原来的军政界人士多数都走了，西餐的经营也出现暂时的清淡局面。于是，西餐馆的食品走上了“中西合璧”“中西并重”的道路，即西菜包含有中菜的成分，或者既营西菜，又营中菜，馆中还出现了清蒸鲩鱼、蚝油牛肉、酸甜排骨等品种。

另外，太平馆不仅是中餐，甚至连西餐也有“会送”服务。所谓“会送”，就是如今所讲的“外卖”。据载，在1926年国民革命军北伐誓师大会上，有美点订制服务，其中所用的茶点，就是由太平沙太平馆承接的。1929年中山纪念堂落成的欢庆宴会，也是太平馆操办的。

1949年以后的太平馆也经历了“几起几落”，“文革”期间所有西式菜肴被换成中式。2002年，当时太平馆一、二层做西餐厅、酒吧和酒廊，三、四层则经营中餐，晚上则为音乐酒城夜总会，室内经常播放英文经典歌，很多情侣都喜欢泡在这里，后来，由于租金飞涨，太平馆曾一度停业。直到2005年，太平馆重新开业。没有了当年北京路头尾连锁经营的初生牛犊之气，也少了几年前四楼高耸的歌舞升平，但“瘦身”之后的太平馆，重新安静而专注地做起了西餐生意。

上河图

怀旧是这里永远的主题

作为一个在这里生活不算太久的新广州人，在慕名前去寻找太平馆之前，我虽然曾经在北京路上漫步过多少个来回，却从未发现这里有一家叫“太平馆”的西餐厅。

作为百年老字号，它实在不够张扬：一道窄门，没有过多装潢，虽然有大大的招牌上面三个浓墨重彩的“太平馆”透露着古旧的气息，可是在稍显阴暗的骑楼下

》黄色灯光笼罩着的老广州照片更具历史感

面，还是很容易落入视野盲区。

但一走进来，人一下子就从刚才嘈杂的世界穿梭到了20世纪二三十年代：绿底镂金的墙纸，颜色交相映印的玻璃顶灯，复古的壁灯，有金漆扶手的木楼梯，墙上挂着一幅幅黑白照片，那是半个世纪以前广州的模样。

太平馆里的气氛是收敛而私密的，双人皮质沙发之上，华丽的玻璃灯罩散出幽幽的光，给每个卡座营造出独立的空间，馆内处处陈列着有关广州、北京路、历史名人的老照片，立刻让人感受到浓浓的怀旧气息。

太平馆的格局颇为有趣，一楼的大厅最大，上了二楼，面积小了一些，再往三楼去，似乎又只剩下二楼的一半面积了。四楼却是住家，居民们就沿着头顶的楼梯从另一个门上去。广州的老字号太平馆，就像是从民居中长出来的。

掌柜言

做好传统菜式和服务最重要

何泳仪是太平馆的总经理，她来太平馆工作的时候只有17岁，那是1979年。她非常喜欢自己的这一份工作。因为太平馆几乎满足了一个年轻女孩儿对浪漫的全部想象：柔软的沙发，玫瑰色的红酒，来来往往的人们优雅的举止，透过五彩斑斓的玻璃投射进来的彩色阳光，还有一入口就让人眩晕的冰激凌……

何泳仪表示，2005年太平馆重新装修，定位就两个字——“怀旧”，现在的这种格调，和预期没有差别，“我觉得太平馆现在比过去好看多了”。虽然如此，那个远去的太平馆，还是存在于她的记忆里，那些都是太平馆的魅力所在。

太平馆另一位负责人甘丽红介绍，2003年后，太平馆便成为了鸿星海鲜集团旗下的餐厅。经过几次装修后，除了保留原有的特色外，还加入了不少现代元素，餐厅环境怀旧幽雅，充满欧陆风情。甘丽红坦言，对老字号而言，坚持做好传统菜式和服务是最重要的，“总理套餐”和“总理夫人套餐”是不少顾客来此店的首选菜式。

街坊议

“锯扒”早已成为一种集体记忆

太平馆经过多次装修改造，除了保留原有的特色之外，加入了不少现代元素，餐厅内的环境怀旧幽雅，充满欧陆风情。来到太平馆，你发现很多老年人在此边喝咖啡边看报纸，非常写意。

走在太平馆门口，记者遇到一位住在北京路附近的刘先生，他带着儿子来订位，打算一家人来此吃晚饭。刘先生一边拿着报纸一边等位，虽然才下午5点但已排到20号。刘先生一家三口以前经常来太平馆吃饭，这已成为一种习惯，而他本人最喜欢来这“锯扒”，还要是八成熟的那种。

》太平馆西餐厅

刘先生告诉记者，对于大部分老广州人而言，“锯扒”就是代表去太平馆，那是他们的集体记忆。市民何先生几乎每个周末都会来太平馆吃饭。他告诉记者，太平馆曾经是他拍拖的地方，“那个时候我还很年轻，我的老伴，当时的女友在北京路的银行上班。每到周末，我都过来接女友下班，两个人手拉手来太平馆吃西餐……”

对于毕业后来这里工作的80后青年小然而言，太平馆是个符号，有点参观广州景点的味道，“通过这里，我可以了解广州，吃什么已经不再重要了”。

论道

做菜实际也是在做文化

作为历史悠久的老字号，横跨三个世纪，太平馆的历程可谓命运多舛，在前一段时间，更因地租问题而被炒得沸沸扬扬。前几年，太平馆也因为私人业主拿回产权后大幅涨租而想撤出，但后来迫于压力，其经营方东江集团才继续经营。据悉，这家门店虽然客流很多，但由于租金高经营压力很大。幸好政府理解，周末可以摆到门外经营，如今来往的年轻人有不少都在一楼门外露天就餐，反倒别有一番风味。但这场风波过后，老字号的生存和发展又成为人们关注的热点。

20世纪90年代以来，以“绿茵阁”“蒙地卡罗”等为典型的大众化西餐厅盛行一时，广受市民的喜爱。但随着这些餐厅在广州的发展和广州人对西餐文化的更多了解，消费者更追求菜式的正宗，各商家也努力突显自己菜式的个性，从原料、烹制、环境氛围等想方设法做到更正宗，以法国餐、意大利餐、德国餐、西班牙餐等为主题的西餐厅已经走出了星级宾馆，开到大街小巷，这让太平馆遭遇了更多的市场挑战。

有专家提出，老字号的优势在于它的无形资产，劣势则在于它的有形资产。从文化层次上说，作为一种拥有百年历史的文化符号，老字号在记忆着城市的史脉，是城市的个性与身份的代表，有保留的必要；从经营市场的层次讲，老字号步入迟暮之年，若不吐故纳新，更新气象，就必然肌体退化直至被“改朝换代”。

其实，和文化结合的西餐厅并不少，比如广州酒家的唐人街环球美食餐厅、名人无国界餐厅等主题餐厅，消费者在吃的同时也感受到多样的文化。如今，文化已成为推动西餐发展的原动力，以连锁分店形式的清水居为例，1996年开业以来，它从开始单纯以经营网吧为主，餐饮为辅，到后来走出了“网络+休闲+美食”的新路子，已经在同行中树立了自己的品牌。

对此，业内人士说，做菜实际也是在做文化。只有文化提升，才能迎来西餐的飞跃。对消费者而言，来到太平馆、来老字号，求的自然是心境体验，重温对城市往事的追忆，何不将“追忆”“怀旧”做深做大？当然，历史再悠久的老店，也要跟得上时代的发展。这么多年过去了，与其一直强调“老”，不如创造一个新话题或者新菜品，让老字号焕发出新的生命力，才是老字号发展的根本。

■ 威水史

1885年

创始人徐老高，离开洋行在广州市北京南路太平沙城垣太平更楼处开了一个专门煎牛扒的档口谋生，后迁址城垣内，并因地命名为“太平馆”，成为初具规模的专营西餐的餐馆。

1926年

国民革命军北伐誓师，大会在东较场举行，一万份制作和包装都是由太平沙的太平馆承接。

1927年

经徐家三代人的艰苦努力，在现址承顶了国民餐室改为太平馆分店。此后，还于1936年分别在香港的湾仔和上环以及1944年在广州第十甫增设太平馆分店。

1929年

中山纪念堂落成，宴会定席1200多份也由太平馆承接“会送”。

20世纪20年代

周恩来曾与友人在太平馆用餐。

1936年

林森往罗浮山参拜，为期3天，凡西食的餐次，统由太平馆安排“远程到会”。

1944年

在香港湾仔开设“省港太平馆”的徐汗初为了寻求出路，回到广州筹措复业，在第十甫又挂起太平馆的牌子。

1956年

太平馆把永汉路附近的多家西餐馆合并了过来，成为公私合营的企业，西菜西点逐步有所恢复。

1958年

周恩来到太平馆视察。

2005年

一度关闭的太平馆重新开业。

2014年

太平馆再开新馆。

文/周豫　图/李细华

皇上皇："老广"心中"家乡的味道"

广州人常言"秋风起，食腊味"。每进入秋冬季，腊味就成为广州人饭桌上必不可少的家常菜。秋风乍起之时，一煲香味四溢的腊味煲仔饭是"老广"心中"家乡的味道"——"冇嗰阵浓郁嘅腊香同糯香暖肚，冬天就会冻到腾腾震。"（没有那股浓郁的腊香和糯香暖肚子，冬天就会觉得寒冷。）

在查阅资料时，记者曾经见到这样一段笔记：皇上皇，集腊味之大成，历代粤人喜之。民国羊城，腊味商号皇上皇得以创立，肉醇美、生意隆，复以广告，声名远扬。达官贵人，趋之若鹜，布衣百姓，耳熟能详。如今，老字号的皇上皇除了拥有传世秘方之外，还不断发展创新，自成品格，已成为大规模现代化生产的"腊味王国"，铸得行业翘楚之位。

百年商道，始于对广式腊味的坚守和光大。究竟是什么秘诀让皇上皇的腊味经久不衰、味道长存？老字号品牌是如何做到历久弥新、岿然不倒？南方日报记者走进这神奇的"腊味王国"，探寻它的经营之道。

解码一

多元经营：腊肠淡季怎么办？"雪糕机"开拓经营

位于广州下九路1—3号的这家老店，是20世纪30年代末创立的。由于这家小店香气四溢的腊味深受百姓喜爱，每天都供不应求，熙熙攘攘的人流中不时传来"来一孖腊肠"的街坊吆喝。

很多人不知道的是，如今闻名全国的皇上皇腊肠，之所以改叫这个名字，还是由于江西的腊鸭。由于单买腊肠无法壮大规模，这家腊肠小店免不了要兜售点其他东

》每天上午都有老顾客在皇上皇腊味店排队购买特价腊肠（谭伟山　摄）

西。于是，老板就想起了同为腊制品的江西南安板鸭（即现在人们熟知的腊鸭）。

腊鸭这个“外来客”卖得并不好，大批存货积压。结果，有伙计建议把腊鸭以层叠的方式晾晒在橱窗前，金黄色的腊鸭就像珠帘一样大片地垂落，形成强烈的视觉冲击，让很多人垂涎欲滴，购买者顿时大增。眼见这般兴旺，伙计随口说了句：“生意那么好，真是旺上旺啊！”就这么一句无心说辞，老铺更名为“皇上皇”（粤语与“旺上旺”同音），寓意生意兴隆、基业长青。

从腊肠到腊鸭，算得上是皇上皇“多元经营”的开始。可以说，没有多元经营，就没有这家老店。皇上皇公司之所以能够发展到现在，几乎每个关键时刻，“多元经营”总会成为一种有效解决问题的手段。

比如，由于腊味腌制需要配合时令季节，生意会出现明显的淡旺季。为了打破这种局面，老板拓宽经营思路，从美国引进雪糕机，在夏季推出“皇上皇冰室”，同时利用腊味腌制时的“下脚料”制造肥皂。此举实属大胆创举，在当年很是轰动。

但不论怎么多元，皇上皇腊肠本身仍然是该店的“镇店之宝”。其他所做的一切，都是为腊肠生产和销售形成保证。而为了让腊肠的质量过硬，皇上皇精选用料、坚持传统留下来的工艺步骤："皇上皇一直以来都强调原料和工艺，不可偷工减料，其中肉类的选择非常重要，皇上皇坚持选择后腿肉和脊膘，肥瘦肉的精妙配比是广式腊肠的灵魂。另外我们遵守传统秘方的酱料比例，盐、糖、酒和酱油等搭配基本不变，只为维系传统的口味。"皇上皇总经理陈耀介绍道。

》皇上皇腊肠（谭伟山　摄）

在陈耀眼中，一根根看似简单的肉肠背后藏着很深的学问："肠衣的选择也是有规范的，百年沉淀下来的技艺不同一般家庭制作，灌制过程的松紧度都要掌握好，这样出来的形状才会粗细有致。早期，店老板还请来专门做酱油的老师傅，在天台生晒酱油，再用来做腊肠，这样的出品特别好。"

解码二

消费体验：年轻人不爱怎么办？体验式消费吸引人

20世纪40年代至70年代，皇上皇在时代的潮流中几度蜕变。1956年公私合营改造，皇上皇下九路店铺被收归国有。"文革"中，皇上皇曾短暂改名，1980年恢复"皇上皇"商号。到了改革开放时期，食品行业迎来新气候，在广州这个民以食为天的氛围中，大排档、小摊贩随处可见，很是兴旺。此时，走在时代前列的皇上皇开始了它的第二次变革，于1986年步入工厂化，在江南西的宝岗路建起了一座现代化工厂，并大量引进各种现代化机器：切丁机、绞肉机、灌肠机等。为了这些机器，老板投入了2000多万，可谓是举全厂之力迈向工业化道路。1987年发展为"皇上皇肉食制品厂"。

工业化之后的皇上皇选址广州市海珠区马涌西地段，建成规模化生产厂区，下九路皇上皇老铺则作为零售门店继续营业。但时移世易，皇上皇的生意之路并不平顺。如今，随着毒鸡蛋、毒牛奶、毒火腿的出现，人们对食品安全问题日益关注，吃得好味不如吃得放心。

从20世纪90年代至今，皇上皇注重严格把关生产流程，从源头到销售渠道都严加控制，遵循QS、ISO、HACCP标准，保障食品安全。

消费者消费习惯的转变给皇上皇出了不少难题。与近年来做得风生水起的一些地方特色食品如北京烤鸭、客家咸香鸡等相比，皇上皇的产品变化不算大，没有太多推陈出新的新产品。如何推出更符合饮食潮流的新产品，一直是老字号皇上皇思考的问题。有行业内食品行家就提出，以皇上皇为代表的广式腊味，能否来个大胆的跨越——推出即食腊味、速食腊味……或者腊味变休闲小吃等等？其实，这些皇上皇都有尝试。诚如前述，皇上皇就曾独辟蹊径，在夏天开设冰室、春秋两季穿插制造肥皂业务，当时仅冰室业务的利润就占全年总利润的60%以上。现在，皇上皇还开发了速冻食品、粮油月饼、休闲食品等多种食品系列，但其作为腊味的补充，成

» 皇上皇集团从化生产基地采用新技术，实现生产自动化，有效提高了车间的生产效率。图为工人进行挂肠灌制工序（丁玎　摄）

不了“台柱”。

陈耀表示，问题的关键在于目前食品市场竞争激烈，要搞多元化并不简单。如今，腊味系列仍是皇上皇主要利润来源，还没找到类似当年冰室业务的另一个拳头项目。但他们采取了另一种竞争策略——体验式消费，由于购买腊味的人群趋于老龄化，为了吸引年轻的消费者，皇上皇采取了一些新举措。首先，他们推出了4家餐饮体验店，分布在上下九、北京路、龙津路和十八甫，主打腊味饭。其次，他们还推出了西式的熟肉制品——“香肠先生”，以吸引口味西化和追求简便的年轻人；开发了诸如肉脯、肉干、风味鱼之类的休闲肉制品来满足喜好零食的青年，目前效果不错。

解码三

转型升级：组建电子商务团队，致力拓展全国市场

1995年，皇上皇曾经大胆地走出广东，杀向上海滩，随后入沈阳、进哈尔滨，通过参加各地展销会，皇上皇一路攻城略地，广式腊味由皇上皇领军畅销全国，打开了东南亚市场。但国企背负的沉重包袱却让皇上皇后继乏力，其有限的市场推广费根本无法与财雄势大的众多大企业较量，这也导致其广告效应大打折扣。同时，由于外省市场的口味等原因，皇上皇销量始终难有新一轮大突破，海外市场则因为食品安全等种种限制难以打开局面。

对此，有专家指出，“不越雷池难以解困”。国营老品牌的体制改革显得日益迫切，引进民资、外资，共同做强做大，才不使这些珍贵资源白白湮灭。正因为如此，今年，皇上皇谋求转型升级——围绕“结构整合、创新转型、精细管理、资本运作、提升绩效”的工作主题，通过组建电子商务专业运营团队，加大组织策划力度，增强线上线下互动，推进电子商务发展，在电子商务营销上有所突破。另外，为了实现地方性品牌向全国性品牌的转型升级，在深耕广州本地市场的同时，积极开拓省外市场，使省外市场销售规模有所突破。尤其是加快推进资本运作这一部分，利用皇上皇的品牌优势加快战略合作、重组兼并、股份制改造的步伐，力争在3至5年内实现上市，填补广州市国有食品企业的上市空白。

如果你是新时代的网购专业户，那么你一定会在很多地方看到皇上皇的身影。

为了迎合爱网购的“宅男”“宅女”，皇上皇于2013年开始“触网”，扩大电子商务业务，与淘宝网、京东、我买网、58同城、大众点评网等知名电商平台合作，整合营销系统，举办了诸如“双十一”“腊八节”的促销活动。据统计，去年皇上皇腊味网上的销量超过10个亿，在腌腊制品的销量上名列前茅。

此外，针对腊味消费市场逐步呈现年轻化、时尚化的趋势，公司开始主动顺应信息时代的发展潮流，组建信息商务部，积极开拓网络销售渠道，开办旗舰网店，提供团购、微博营销、官方网站互动等服务方式，充分利用网络平台与消费者交流分享，及时收集反馈意见，促进企业研发创新。

掌柜言

做食品，最重要的是安全

古朴的木质匾额上“皇上皇”三个字显示出它的年岁不小。从街头的一个腊味小摊成为名满广州的腊味连锁店，至今，74年过去了，皇上皇传统的腊味制法并未丢弃，反而用现代工艺和技术使之发扬光大，古韵犹在。这期间，皇上皇确实在不断做大，但如果光从成长速度看，自我积累滚动式的发展，与近十年来雨后春笋般林立街头的麦当劳、肯德基相比，的确还有些相形见绌。“目前，皇上皇在东南亚、港澳、南美销量还行，欧美地区对我们的原料有限制，但我们在尝试向欧美出口罐头和高温类食品。现在我们正在积极开拓省外市场，尤其是主攻华东市场，从今年起，集团还特别建立了华东销售团队。”陈耀介绍说。

除了销售，员工道德培训也是集团培训的核心，“我们集团培训的重点在诚信经营、职业道德培训等方面。在我看来专业人才好招，志同道合难取，我们招揽的人才，一定要具备职业道德，把食品安全放在首位。作为国企，承担着一定的社会责任，做食品是良心事业，马虎不得。”陈耀透露，目前腊味市场的情况比较良好，“以前主要是老街坊爱吃，现在新广州人也慢慢接受了广州的饮食，平时会吃，回家探亲时也会买，而且量很大。不管推出多少新品种，我们卖得最好的始终是‘三七’‘二八’这类传统的广式腊肠。”

街坊议

“食过先知”乃待客之道

今年25岁的杨小姐是外地人，但老公却是个地地道道的广州仔，加上嫁到广州和公婆住在一起，少不了就要张罗全家人的饮食。腊味饭是她们全家人的最爱，上下九自然也就是她最常来的地方。“这里老字号多，一条龙可以很快选好。”看好了、走累了，如果是一个人，杨小姐就会到皇上皇店吃个快餐，伙计会招呼“楼上请”，选择的自然是招牌腊味三宝煲仔饭，腊肠、腊肉、腊鸭都是旗下食材，外加一盅西洋菜炖陈肾，“好唔好，食过先知，若好再买”便是他们的待客之道。杨小姐说，“我最喜欢的是走年轻人路线的西式餐点，包括香肠类菜式、德国咸猪手、叉蛋面等。”

正在买货的陈阿姨告诉记者，“腊味是广州人最喜欢的货品之一，因为今天要走亲戚，专门来这里买一些。”原来，她来抢购的是一种用广东话读“16.8元”（十六个八）的品种，谐音“一路发”，不仅街坊容易记忆，又祝愿老店一路兴旺，一举两得，这种“特价肠”也是皇上皇招揽人气的一大秘诀。这种腊肠，多年来保持在16.8元/500克的低价，每天限量供应，售完即止。知行情的街坊们总会早早来排队抢购，久而久之反成了老店的一道风景。

上河图

功能分区更时尚快捷

2013年7月，皇上皇投入300万元装修的下九路老店重新开业，新店不仅大幅度推出优惠，还利用微信等手段做起线上营销，吸引市民争相抢购。记者看到，离10时的开店时间还有一个多小时，不少人就开始排起长龙，耐心等待进店买腊肠。记者进入新店一看，位于新店后的老铺保存和继承了原有的西关风格，趟栊、算盘、满洲窗、青灰瓦墙等一个都不少。传统腊味挂棚也得以保留，“腊肠阵”“腊鸭阵”“花式阵”“火腿阵”琳琅满目，颇具传统腊味店的特色与气势。装修时尚的皇上皇快餐

》皇上皇的下九路老店铺（邹卫　摄）

店内，中式餐食以腊味煲仔饭、烧腊为主打，此外，也有不少西式菜品。

新店也玩新潮元素，首层根据功能划分了区域，称量、结算系统均升级，还增设了二维码终端机，实现了网购、团购、二维码、微博、官网等线上服务，线上线下都可以买腊肠。值得一提的是，二楼还增设了一层新概念餐饮区，可让顾客在楼下选购产品，楼上加工品尝，实现即买即试、现场体验，也可以在楼上品尝各式产品后，再到楼下购买喜爱的品种。

论道

百年老店，产品未老营销要新

想当年麦当劳初进广州，引来市民一片怀疑的目光，但几年后，西式快餐以令人咋舌的速度成了年轻人、小朋友最热衷的食物。轻松的歌曲、可爱的卡通、各种各样的小玩具、游戏和促销……这就是麦当劳成功的秘密。也许拿皇上皇和麦当劳相比并不恰当，作为广州本土食品行业的一面旗帜，吃皇上皇腊肠长大的老广州人，却都寄望它成为广州本土的麦当劳、肯德基，冲出广东，散布在每个角落，成

» 除了腊肠，皇上皇还有腊鸭和火腿等各式品种（谭伟山　摄）

为世界推崇的广东美食。

陈耀介绍说，与看不出肥瘦的西式腊肠不同，皇上皇的广式腊肠是由肥肉、瘦肉分开切粒，红白相间是它的一大特色。皇上皇始终精选最好的原料，肥肉选用猪脊膘，瘦肉选用后腿肉，遵循恰到好处的糖盐酒配比，使得肠衣脆口、瘦肉不粘牙，肥肉香而不腻。但他认为，“做好品牌经营的同时，在产品上的创新可谓是食品类老字号最为关键的一环。”近年来，皇上皇通过采用新工艺、新配方，不断推出新品种延伸产品线，丰富产品系列，同时，为了让腊味也时尚，烧烤肠、芝士肠、波子肠、烟腩片、德国咸猪手等西式产品及休闲ok棒、清江鱼等休闲食品也应时而出。如今，皇上皇已经建成了肉脯生产线，推出了菠萝、芒果、香橙等新口味休闲肉脯。

消费习惯可以培养，时尚和潮流是要塑造的。明白这一点，包括广式腊味等众多广式特色的老字号品牌，就不能仅盯着广东人或东南亚华侨传统的消费习惯，百年老字号们似乎走不出一个误区——觉得走“老”字路线是必然选择。其实，百年老店，产品未必老，营销未必老，需要延续的是神而非形态。由此看来，巧妙游走于传统与现代边缘，塑造新潮的广式腊味文化，并非天方夜谭。

■ 威水史

1940年

在广州海珠路创办东昌腊味店，1943年易名为“东昌皇上皇腊味店”。

1947年

首创“三阵”战略：冬制腊味，夏设冰室，春秋穿插肥皂制造。从此称霸羊城腊味行。

1956年

皇上皇腊肠参加全国食品展销会，获得良好声誉。同年，公私合营改造，皇上皇下九路店铺被收归国有。

1980年

“文革”中，皇上皇曾短暂改名，1980年恢复“皇上皇”商号。

1987年

发展为“皇上皇肉食制品厂”，彻底改变前店后场的老旧经营方式，选址广州市海珠区马涌西地段建成规模化生产厂区，下九路皇上皇老铺则作为零售门店继续营业。

1981—2002年

皇上皇腊肠连年荣获国家银质奖。

2004年6月

获授“中国名牌产品”。

2006年

获“中华老字号”称号。

2009年

获评“市级非物质文化遗产广式腊味制作技艺”。

2012年

占地总面积25000平方米的从化生产基地顺利建成投产，肉制品年产量可达15000吨以上，稳居全国腊制行业前列，是目前全国最大的广式腊味生产基地、示范基地和实验基地，与此同时广州经济开发区生产基地的建设也正式启动，皇上皇集团正逐步成长为具有较强影响力和竞争力的肉类产业集团。

文/钟琳　周豫　张孟月

咀香园：百年手信情，留香一世纪

珠江口外，浩瀚的伶仃洋上，岛群簇簇，靠西有一个大岛，岛上峰峦起伏，山脉绵延。花开时节，满岛飘香，故曰香山岛。鸦片战争后，广东沿海有不少农民破产，转而以工商业谋生，香山县城遂出现石岐“十八间”的商业街市。此后，香山人不断到国外谋生、求学、探亲居留，这里成为全国著名的侨乡。

除了民主革命先驱孙中山，这里还曾走出郑藻如、郑观应、唐绍仪、苏兆征等一大批军事、政治和经济领域的杰出人物；香山华侨马应彪、郭乐兄弟、蔡昌兄弟以及李敏周和刘锡基，先后创办了闻名遐迩的先施、永安、新新、大新四大百货公司，开创了中国现代化百货业的先河。

其实，不光是这些走出去深刻影响了中国历史的香山人，留在本地发展的人里，同样豪杰辈出，为后世留下了宝贵的遗产。比如冠盖中华的老字号——咀香园，便是历经百年洗礼而存留至今的硕果之一。

解码一

品牌至上：百年前率先注册商标　如今工厂成景点

清光绪年间，香山县城石岐兴宁里八号住着一户萧姓人家，由于理财不善，财源日渐枯竭，妻妾僮婢生活甚为踌躇。到宣统末年，适逢萧老太生日，萧家有一佣人姓潘名为雁湘，为主人宴席制作糕点饼食。她灵机一动，选用绿豆磨成粉，在饼的中间夹一块薄猪肉，经烘烤后制成绿豆饼，萧家上下老少、亲朋好友品尝后，都赞不绝口。

其时，有人将该饼呈奉时任香山知县的覃寿堃品尝。知县食后回味无穷，咀嚼

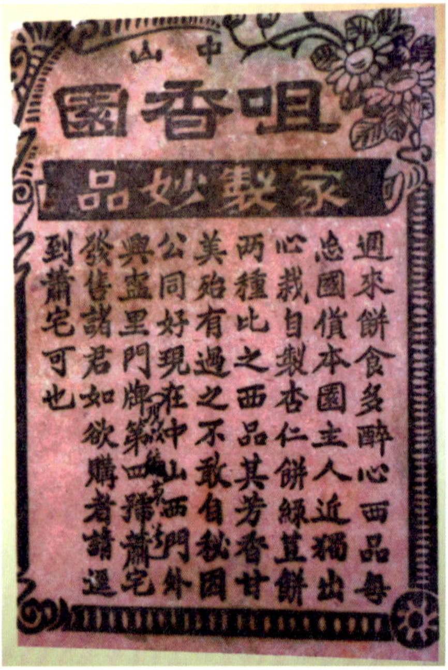
中山
咀香園
家製妙品
迺來餅食多醉心西品每忘國貨本園主人近獨出心裁自製杏仁餅綠荳餅兩種比之西品其芳香甘美殆有過之不敢自秘因公同好現在中山西門外興寧里門牌第四號（現改編第八號）蕭宅發售諸君如欲購者請逕到蕭宅可也

》萧家咀香园饼铺开张之时印制的销售传单

之时觉甘香松化，且有杏香，大加赞赏，即令师爷取文房四宝，挥毫写下“齿颊留香”四个大字。这便是如今中山市内人尽皆知的咀香园杏仁饼的前身。

沿着中山市火炬开发区沿江东二路徐行，很快就能见到“咀香园”几个大字醒目地贴于一栋建筑之顶。如今，中山市咀香园食品有限公司（下称“咀香园”）除了蒸蒸日上的食品生意，还依靠百年品牌文化开发出了一条工业旅游路线。从杏仁饼制作车间一楼入口处至三楼车间沿途，挂满了历史资料和影像，凡来者皆能从中还原出上述故事，了解这百年品牌的发展历程。

“萧家是书香门第，大户人家做生意眼光总是长远些。”中山市咀香园食品有限公司董事副总经理张延杰告诉南方日报记者，咀香园从创立之初就很注重品牌经营。1918年政府要求规范工商税收和管理时，萧家就正式进行了工商登记挂牌经营，还第一个注册了“梅鹤”牌商标，取义“梅妻鹤子”。1928年申请商标续展时，由于当时国民政府以梅花为国花，明令梅花不能做商标，咀香园便将梅花的“梅”改为玫瑰的“玫”，注册了“玫鹤”品牌。

在如今保留下来的珍贵历史资料中，还能看见当初萧家咀香园饼铺开张之时印制的销售传单：“中山咀香园，家制妙品。迩来美食，多醉心西品，每忘国货。本园主人近独出心裁自制杏仁饼、绿豆饼两种，比之西品，其芳香甘美殆有过之。不敢自秘，因公同好，现在中山西门外兴宁里门牌第四号（现改编第八号）萧宅发售，诸君如欲购者，请径到萧宅可也。”读罢，犹如时光倒流一百年，彼时彼景历历在目。

“这些都是我们去广东省档案馆找到翻拍回来的。”在张延杰的讲述中，无论是百年前的注册商标、销售传单，还是今日咀香园的工业旅游、寻根问祖，品牌经营的理念与基因在咀香园百年传承中始终未曾改变。

信誉为先：精工细作成中山特产　专门登报打假

挂牌经营后，咀香园杏仁饼开始了家庭手工作坊式生产。由于举家专心制作，饼味甘香，松化适宜，件件保质，一下子食客大增，供不应求。

其时，咀香园制饼先选用上乘绿豆作原料，冲洗，烘干，慢火炒熟，去皮，磨成幼粉，配以糖腌肥猪肉片。据称，一头猪只能用背部肥肉10斤左右，其余不要，再用沙糖浆等捞成湿粉。其后，用两个木桶顶承，内放炭炉烘熟，烘饼时精工细作，稍有瑕疵都要除去。

也是在这一时期，咀香园杏仁饼通过侨胞走向了世界。海外华侨回乡品尝后念念不忘，都以咀香园杏仁饼为家乡特产馈赠亲友，并要求批发到外埠代销，被萧家一律拒绝。然而华侨纷纷来款，萧家只好逐一登记，再寄到香港金山庄委托转寄交货到外埠，一直信誉甚佳。

1935年，咀香园杏仁饼作为正宗的中山特产，参加在美国檀香山举行的国际食品展览会，一举拿下“金鸡奖”，此后更声名大噪，引来“花来岭南无月令，豆到中山有杏香”的佳话。

由于产品长期畅销，不少同行开始模仿假冒咀香园杏仁饼，中山先后冒出数十家规模不一的咀香园杏仁饼店。同时，香港、澳门、广州乃至广西梧州也出现了咀香园饼店。为维护自身权益，萧家开始在报纸上连续刊登打假广告。

在1948年出版的中山《建中日报》上，就有这样一段话：“本园在中山石岐创制杏仁饼垂三十年余，素以出品精良深得中外人士赞许，畅销各埠有口皆碑。近查有无耻之徒竟冒用本园名义，在省港澳各地设店仿制图利，殊属刁狡违法。本园用玫鹤商标先后在经济部商标局注册，国内外各地并无设支店及代理惠点，诸君幸留意焉。”这则打假广告一连刊登了25期，“打”得省港澳“李鬼”逐渐销声匿迹。

解码三

变与不变：坚守传统工艺 屡次改制引领风潮

中华人民共和国成立，是咀香园发展史上的一个关键点。1949年10月30日中山解放，为迎接解放军入城，咀香园对解放军购买杏仁饼八折优惠。在当时，咀香园已经是中山饼食业的翘楚。

据统计，1953年，中山石岐饼食业共63户商家，全年总营业额为旧币105.6亿元，平均每户为1.68亿元。其中咀香园为3.35亿元，遥遥领先于位居第二、营业额为2.53亿元的易味庐。

随后，国家对私营工商业实行社会主义改造。咀香园在1956年实行公私合营，咀香园里的所有货物资金，包括店面房产悉数通过国家出资赎买归了公，算是合营入股。咀香园搬离旧址，迁到岐江边的凤鸣路，与中山30多家私营饼家合并为中山县国营糖果食品商店。

整合之后，咀香园成为加工厂，咀香园原来的老板成为整合后的股东，并担任生产车间主任。改为国营食品厂后，咀香园严格执行社会主义计划经济，不管是出口还是内销，在物料、人工成本的基础上加上8.9%的利润，即为出厂价。

1978年十一届三中全会后，沐浴改革开放的春风，咀香园陆续上马新机器扩大生产规模，开始半机械化生产。“为什么不搞全自动机械化？事实上，咀香园至今都是半机械化生产。”张延杰告诉南方日报记者，杏仁饼的传统制作工艺，在制饼这一环节一定要手工打模制作，否则就全然失去其独特风味，因此无论公司如何改制，这一传统工艺始终不变。而这一令咀香园杏仁饼长盛不衰的秘诀，随后也成功申请为“广东省非物质文化遗产”。

从国营企业再次回归到民营企业的过程中，咀香园广泛征求了各方意见，认为根本的出路在于改变小作坊形式，建立现代化的企业制度。于是1997年5月，咀香园进行第一次改制，成立股份合作制公司。改制后，国有股占76.78%，职工股占23.22%。1998年底，咀香园进行二次改制，作为首批进行新一轮改革的试点单位，实行了内部员工赎买经营，103名职工筹集400多万元赎买了企业股份，成为中山市首家全面转制的国企；1999年1月1日，所有公有股权全部转让，咀香园率先成为中山市第一批民营企业。

解码四

创新不止：创新技术手段　丰富老字号内涵

萧家在自制绿豆杏仁饼前，市面上早已销有绿豆饼，他们是怎样将绿豆饼升华为杏仁饼的？为什么绿豆经过浸泡，要等些微发芽再烘干磨粉进行制作？杏仁饼本身并不含杏仁，其实质只是绿豆饼，为何又叫杏仁饼？

带着进一步研究与发扬老祖宗宝贵遗产的目的，张延杰带领着研究团队，利用现代科技手段一点点还原杏仁饼的传统制作工艺。

从绿豆发芽开始，直到做成杏仁饼的整个过程中，研究团队每隔半小时观察一次，监测绿豆在制作过程中各项指标的变化，并画出了绿豆变化的详细图谱。通过现代科技手段，张延杰发现，经过一段时间的浸泡发芽后，绿豆中含有的蛋白质、膳食纤维、黄酮等物质发挥到较好状态，此时研磨成粉，制出来的饼自然带有杏仁的特殊香味，“是不添加任何色素、香精，纯天然的香味。”

通过科技手段解密传统工艺，让张延杰找到了一条丰富老字号文化内涵，使老字号更好得以传承发展的路。

“每年我们都要投入5%的研发费用，引进许多先进检测仪器，研究杏仁饼、广式月饼等传统产品的工艺，观测产品硬度、水分、炉烤的过程怎么变化，包括引进无线高温温度计、远红外仪器等。”在传统食品行业投入如此大规模研发费用，张延杰笑称杏仁饼也可以做到“高精尖”，“我们在东北有个绿豆种植基地，专门研究绿豆要怎么种，做出来的杏仁饼更好吃。”

从利用技术还原杏仁饼工艺到主导制订杏仁饼的行业标准，以及参与制订几乎所有焙烤制品的国家标准，张延杰告诉记者，“利用现有技术储备，就算咀香园杏仁饼的水准保持不变，其他企业要追上咀香园也至少要5年，何况我们每天都还在跟自己‘赛跑’。”

论道

老字号传承发展可走三条路

“老字号该如何发展？”作为由商务部认定的“中华老字号”，咀香园这家百年老店关注的并不仅仅是自身的发展。此前，咀香园曾持续推动学术研究，对行业现状发问，为老字号未来思谋。

2011年初，历时多年的《中华老字号现状及创新发展的研究》由中山咀香园社科建设基地课题组完成。对于“老字号如何发展”这一问题，咀香园做出了自己的回答：“一般有三条路径：一是保留小而精、小而特、小而专的小企业发展模式；二是发展连锁店模式，适当扩大经营，如稻香村、全聚德、东来顺、咀香园；三是发展壮大成集团公司，实现现代化、产业化、规模化，如北京同仁堂。”

该研究报告指出，老字号生存危机的根本原因就在于没有建立起现代企业制度，包括法人财产制度、有限责任制度和科学的组织和管理制度；其次，营销模式滞后也在很大程度上限制了老字号的发展；此外，对老字号文化品牌的滞后开发也是其中重要原因。

纵观企业百年沉浮，许多老字号在20世纪30年代的战乱、20世纪50年代的“公私合营”运动以及其后的“文革”中存留下来，却无法适应20世纪80年代中后期开始的市场化经济环境，在这一场大洗牌中消弭于世。相反，主动应对、市场化运作并积极在这个大环境寻找出路的老字号，则实现了从小店铺到大企业的蜕变。

》古老的工作坊再现

“在市场经济的大背景下，老字号的根本出路在于改变传统运作模式，创新生产机制和营销模式，并积极挖掘、传承传统的文化符号。”诚如张延杰所言，咀香园也正是从自己的探索中寻求转型和蜕变，从小店铺到小食品加工厂，从公私合营到市场化运作，最终成为年产值过亿元的大企业。

咀香园的这份《中华老字号现状及创新发展的研究》指出，在大力发展现代营销模式、建立现代企业生产方式和管理制度的同时，应始终以老字号的文化符号为依托。“文化是老字号的灵魂，我们只是要想办法让它在现代经济社会的环境中生存、发展和壮大。”咀香园课题组相关人士认为，根据实际情况，可以通过建立老字号博物馆、出版老字号书籍、拍摄关于老字号历史轨迹的方式宣传和巩固传统文化，并通过“非物质文化遗产名录”影响力进一步提升老字号的价值。

掌柜言

老字号心态不能老

作为中山具有逾百年历史的老牌企业，咀香园的“心态”并不老。

当网购成为时尚时，咀香园及时“赶时髦”，在阿里巴巴、淘宝、拍拍网等网店开始售卖产品。随后，团购之风盛行，咀香园又自主开辟了团购营销方式，紧跟时代步伐前行。除了专卖连锁店，目前网店已经成为咀香园最主要的零售方式。

“如今，‘酒香不怕巷子深’的传统营销模式已不具备说服力，扩大品牌影响力，宣传品牌文化形象成为当前最被企业看重的营销方式。”张延杰认为，在市场经济条件下，我国老字号企业要想很好地生存发展，部分落后于市场经济要求的传统经营观念，首先必须更新。

张延杰认为，传统老字号要顺应现代化的发展。在新的历史时期，咀香园也要与时俱进，开发新的文化内涵，提高品位，在色、香、味制作，甚至在包装款式和开拓新品种上寻求突破，才能在比较高的起点上，参与国内和国际市场的竞争。

“今天，我们对老字号的寻根，并非只是发思古之幽情，更重要的是探寻如何继续擦亮百年老店的招牌，如何继续传承和创新。”张延杰说，这是老字号历久弥新的真谛。

街坊议

饼是故乡甜

“我最喜欢咀香园的杏仁饼。”2011年元旦，中山咀香园入驻位于荔湾区的广州美食园手信街，第一天开门迎客，就迎来一大帮街坊前来捧场。市民老李是老广州人，对咀香园的杏仁饼很有感情。“之前有亲朋好友去中山玩，我都指明要他们买杏仁饼回来，这家店的杏仁饼杏仁味很浓，几十年都没变过。”

小景倒是离开广东后才喜欢上了杏仁饼。“以前在家时从来没有想过买他们家的东西，等离开了广东，每次回来都买一堆杏仁饼、鸡仔饼之类的东西，而且还让家里人从广东寄给我，还是故乡的东西好吃啊。”

» 游客在选购咀香园的产品

》在熟练工人的操作下，杏仁饼被“铸”的个个形状划一

上河图

来咀香园学“打”杏仁饼

在咀香园工业旅游规划的线路中，游客除了可以透过玻璃看到生产车间的工人如何打饼，还能在现场跟着工作人员一起学打饼。这是咀香园专门为游客设计的体验式文化。

“先把磨好的粉均匀地铺在木制模具上，如果是正常的生产过程，还会加一片特制的猪肉馅料，然后再撒上绿豆粉，用手掌尾部轻轻按压成型。”跟着工作人员的指示，记者也煞有介事打起了饼。铺粉、按压，短短几秒，模具上一排三个成型的饼模就现出形来。

“这时候轻轻敲下饼模两端，做好的饼就自动掉出来啦。”只见工作人员拿起一根小木棍，“当当”两声，一个成型的杏仁饼就做出来了。见记者一脸轻松，工作人员连忙普及工艺常识：“打饼的过程会让人误以为这是件非常容易的事，事实上，打饼之前的浸豆、烘豆、磨粉、秘制肥肉馅、拌料等，打饼之后的烘焙、冷却，都是很考验功夫的事。”

■ 威水史

1908年

中山石岐萧家自制了绿豆杏仁饼。

1911年

绿豆杏仁饼开始公开售卖，进行作坊式生产。

1918年

政府规范工商税收，萧家正式工商登记，挂牌经营，店号为“咀香园杏仁饼家”。

1928年

申请商标续展，注册“玫鹤”牌商标。

1930年

咀香园创始人萧友柏逝世，其儿子萧干伟接管生意，更换新的开业执照。

1935年

咀香园杏仁饼在美国檀香山国际食品展览会上荣膺“金鸡奖”，扬名海外。

1946年

省港澳个别饼家盗用咀香园之名生产，咀香园登报打假。

1956年

公私合营，咀香园与中山三十多家私营饼家合并为糖果食品商店，咀香园成为加工场。

1997年

第一次改制，成立股份合作制公司。

1998年

二次改制，由职工赎买全部国有股份，成为中山首批民营企业。

2002年

“咀香园”商标被认定为“广东省著名商标”。

2005年

咀香园联合起草的《杏仁饼（绿豆粉饼及绿豆粉夹肉饼）》地方标准实施，成为中山市制订的首个广东省地方标准。

2006年

咀香园杏仁饼获“中华老字号”称号。

2007年

咀香园获得“中国驰名商标”称号，“全国工业旅游示范点”在咀香园挂牌。

2009年

广东省人民政府将咀香园杏仁饼传统制作工艺纳入“省级非物质文化遗产名录”。

文/刘熠　图/吴伟洪　谢西全

李锦记：恪守传统商道，铸就百年企业

126年前，发明了中式酱料蚝油的李锦记在珠海始创，此后总部先后迁至澳门和香港。历经李氏家族四代人筚路蓝缕的经营，李锦记生意逐渐壮大，实现了“有华人的地方就有李锦记”的宏愿。这家百年老字号的长寿基因何在？国际酱料大王是怎样让产品畅销全球的？执掌企业的李氏家族又是如何打破了“富不过三代”的魔咒？

解码一

凭诚意做人做生意

广东人称牡蛎为蚝，蚝油便是用蚝熬制而成的调味料。1888年，广东江门新会人李锦裳在珠海南水开了一家酱料小作坊——李锦记蚝油庄。在此之前，闻名天下的粤菜里还没有蚝油这味酱料。如今，蚝油是不少传统粤菜的主要调味料。

有关李锦记的故事，总要从粤菜独有的调味品蚝油讲起。

最初，李锦裳在珠海南水开设小茶寮，煮蚝汤出售为生。有一天，李锦裳像平时一样烧火煮蚝，却忙得忘了时间，直至一阵浓烈香味传来，他才想起，连忙揭盖查看蚝汤。此时，蚝汤已被煮干，成了棕褐浓稠的蚝汁。李锦裳蘸了一些蚝汁放在嘴里品尝，发觉味道无比鲜味。随后，他敏锐地抓住了这个幸运的机会，将熬制出来的蚝汁命名为蚝油，并广泛推销，结果大受欢迎。

1902年，李锦记总部迁至澳门，并建立起横跨广东和香港的分销网络。

李锦记老员工威叔透露，当年在澳门开拓市场时，市面上已有荣甡、福泰兴等蚝油庄。这些蚝油庄占据一定市场份额，给李锦记带来很大的竞争压力。强龙难压地头蛇，李锦记如何打开澳门市场？威叔告诉记者，他常常带着新鲜食材与李锦记

》李锦记位于澳门的老铺

蚝油到各个酒楼，请大厨们创作美食。在这过程中，既与厨师们建立感情，又让厨师们熟悉产品、创作出新菜式。这种与厨师们互动的营销方式也一直沿用至今。

多年以后，当年同台竞争的几大蚝油庄都已经消失，而李锦记却逐渐壮大。如今，在澳门新马路上矗立了90多年的李锦记门店已成为地标之一。

低调务实是许多人对粤商的第一印象，而“务实、诚信”正是李锦记企业核心价值观的第一条。“诚意是做生意的根本，也是做人的根本。”威叔说，以他在澳门销售、推销李锦记60多年的经历看，李锦记的产品从未出现过质量安全问题，当地厨师和消费者也从未因质量问题找过他麻烦。

从“和睦和谐”到“思利及人”

李锦裳在开茶寮时就经常为周围生活艰难的渔民提供饮食。许多渔民出海打鱼一去不回，每逢岁晚年关时，他都会将记录那些渔民赊欠的账单烧掉，使债务不再留到下一代人身上。李锦裳的所为在当地广为传诵。

在如今的李锦记，“思利及人”是最重要的价值观之一。

“100减1等于0而不是99，这是我们的品质方程式和品质管理理念。通俗地说就是生产过程和产品绝对不能出现任何质量问题，一旦出现哪怕一丝一毫的质量问题，结果都是0分。”李锦记酱料集团主席兼行政总裁李惠中介绍，这源于李锦记历史上曾经历过的教训。

20世纪80年代，李锦记计划拓展产品线做酱油。但在尚未建立起生产线前，公司便派人去不同的酱油厂收酱油回来装瓶，并在外包装上打上“李锦记”的品牌销售。第一批货出口到海外后，经销商和消费者反映质量不稳定，李锦记品牌声誉因此受损。公司只得将卖出去的300多万元货物紧急召回，并全部支付相应赔偿。自那之后，李锦记不敢再走捷径，从研发到原料采购和生产各环节都务必亲力亲为。

李锦裳创业伊始便强调“同行和睦”“社会和谐”的传统商业道德。对传统商业伦理的恪守代代相传，到李锦记第三代传人李文达掌舵时期，更延伸扩展出“思利及人”的共赢价值观和从商哲学。

20世纪80年代中期，马来西亚一家蚝油厂的产品商标直接影射李锦记的熊猫牌。该厂产品在马来西亚18个城市的超市里销售。为了维权，李锦记与该厂对簿公堂。最后，法庭判定马来西亚这家工厂连同18家超市一同向李锦记支付赔偿。然而，官司打赢时侵权工厂已经倒闭，那18家超市面对赔款负担同样岌岌可危。李文达毅然决定，不仅没有催收18家超市的赔偿，还建议他们转卖李锦记蚝油产品，并将赔款当作李锦记在马来西亚市场推广的费用。

李锦记这一“得理却饶人”的举措让这18家超市喜出望外，心生感激，因此尽全力与李锦记携手开拓马来西亚市场。马来西亚后来也成为李锦记在全球的几个主要生产基地之一。

解码三

没有“富二代” 只有“创二代”

李锦记将总部迁往香港之初，香港的消费力还较低，对高价的蚝油需求甚少，因此李锦记采取了与众不同的市场发展策略：先以海外市场为起点，而后再致力拓展香港市场。这一“墙里开花墙外香”的策略，使李锦记拥有了良好的国际声誉，也为此后发力香港及内地市场打下了基础。

“李锦记的核心价值观里有一条‘永远创业精神’，它时刻提示李锦记在品牌和产品上要与时俱进，开拓创新。”李惠中说：“在我们的家族理念中，一直坚持永远创业的精神，没有“富二代”，只有“创二代”，如果要守住家业就要不停地创业。”

李锦记在发展过程中曾经历几个阶段，在不同的阶段，李锦记无论在商标和品牌形象还是市场发展策略，都不断进行创新。

1888年，李锦裳发明蚝油并创建李锦记，同时开始制造调味酱料，开创了李锦记第一阶段的发展。

1920年，李氏家族的第二代成员李兆南接班，企业发展进入第二阶段。1932年，李兆南将企业总部迁往香港，并重新设计李锦记商标及标签，令李锦记的品牌形象更突出。

1972年，李锦记第三代传人李文达出任公司主席，企业发展也进入第三阶段。1988年，为纪念李锦记成立一百周年，李锦记启用全新的企业商标，红色的拱桥标志象征着李锦记用优质的产品搭建起促进东西方文化交流的桥梁。随着市场需求日益多样化，当时的李锦记的营销观念也迅速转向市场导向。李锦记专门成立了20多人的研发部门开发产品，将产品线从蚝油和虾酱两种扩展到包括XO酱等在内的200多种。

20世纪80年代，李文达的五名子女相继学成回香港加入公司，引入最新的管理文化和科学技术，加速李锦记的现代化发展步伐。如今，李锦记分销网络遍布五大洲，深入全球80多个国家，实现了“有华人的地方就有李锦记”的目标。在企业规模迅速壮大之后，李锦记又于20世纪90年代利用品牌知名度展开品牌延伸，致力拓展地产、餐饮、健康食品和运输等业务，而李锦记的企业使命，也在“发扬中华优秀饮食文化”之外增加了“弘扬中国优秀养生文化”。据李文达透露，2010年李锦记酱料和中草药保健品两大业务营业额合计便已超过了100亿元。

长寿秘诀：家族“宪法”保证基业长青

作为百年家族企业代表的李锦记，是如何破解“富不过三代”的魔咒？

“家族企业传承，最主要是要有家族文化。”李锦记第四代成员之一、李锦记酱料集团主席兼行政总裁李惠中在接受记者采访时表示，李锦记内部有 套家族传承的方式和程序，有家族文化在维系着家族企业的延续。

李惠中的父亲、第三代掌门李文达曾经历过二次分家的痛苦，他深刻体会到家和万事兴的重要性。抱着不分家的理念，李文达尝试建立家族文化价值体系，来维系家族成员间的密切合作和利益，提倡家族成员始终以家族为核心，懂得“我们”大于“我”，“家族”大于“家庭”。

2002年，李锦记建立家族委员会，并制定家族“宪法”。其中，家族委员会由最能代表家族利益的7名核心成员组成，包括李文达夫妇和五名子女。

李锦记家族委员会是全体家族成员的定期交流平台，它主要关注如何将家族共有的价值取向、行为准则，以及家族核心成员的培育等家族事务的核心问题。家族委员会每季度召开一次会议，内容包括从战略层面规划家族建设，比如家族“宪

》李锦记酱料集团主席兼行政总裁李惠中

法”、家族精神以及下一代甚至下两代的培养等。

李锦记家族委员会制定的家族“宪法”规定：在股权的继承和转让方面，股东须具有李锦记家族的血缘，不限男女；股东想要退出，股份由公司统一购回；下一代必须在其他公司工作3至5年；75%以上成员达成一致方能更改家族“宪法”等等。

李惠中认为，和睦的家族文化是李锦记的优势。有家族文化维系的事业，有一种凝聚力，令企业具有独特的风格。

论道

老字号保护应解决传承问题

中式酱料大王李锦记是华人世界里少有的长寿家族企业，自1888年创立至今已有126年历史。期间，李家历经四代，也曾有过两次家变危机，但却化危为机，制订出了一套独特的家族管理机制，成为许多民营企业的典范。

联想控股董事长、总裁，君联资本董事长柳传志就曾向媒体表示，如要做百年老店，可以向李锦记学习，建立家族委员会，制订一套机制统一家族意见，规避家族内部产生矛盾，有效解决交班问题。

“怎样吸引下一代加入，知识和教育非常重要。”李惠中说，为保持家族事业延续，李锦记很早就对接受西方教育的第五代进行潜移默化的培养，以增强其对家族的责任感。比如安排第五代成员到北京参加“学习班”等，让他们通过对中国历史、文化的学习和大量的户外考察，感知和接受中华传统文化。每年，还会组织全家族旅行，家庭成员都要参加，通过团聚机会，分享家族的快乐和责任。

目前，李家第五代成员正进入到李锦记集团内锻炼。但第五代的14个子孙中未必每一个都想回来，想回来的又未必有能力。“怎样寻找到有能力又愿意回来的继承人，这是李锦记作为家族企业在传承过程中面临的挑战。”李惠中说。

李锦记的家族“宪法”是家族成员不可逾越的行为规范。其中规定，家族中的年轻一代，想要进到家族企业中工作，必须先现在外面工作3至5年，然后进到企业中跟其他员工一起工作和竞争，但如果做得不好就会被开除。

李锦记在发展下一代接班的时候，坚持任人唯贤，也考虑家族成员的兴趣和能力。如果没有合适人选，企业也可能由家族外的CEO去管理，而家族成员可以选择在他们自己感兴趣的领域做事。

而对于老字号品牌的传承，李氏家族也秉承这种开放的观念。广东省政协委员、李锦记第四代成员之一的李惠民，在今年两会期间提交了一份《关于促进广东省百年老店保护与发展的提案》。在提案中，他建议政府应对一些有市场前景的老字号加以拯救，但他也指出，保护老字号并非保护它落后的运作模式，而是要拯救它的无形资产，赋予其新的活力。

“政府应该把老字号作为非物质文化遗产的重要组成部分，以其丰厚的文化内涵为广东的城市发展带来整体的积极效应。”李惠民认为，对于做得好的百年老字号应鼓励他们做精做强，使之成为有国际竞争力的著名自主品牌；而对于做得不好的，即使经营企业破产也不得销号，而应交由上级主管部门收回管理，让有条件的企业继续发扬光大。

上河图

大木桶制虾酱

每个百年老店都有镇店之宝。

眼前的这个要三个人手拉手才抱得住的大木桶，就是见证过李锦记的发展历史的古物之一。

》李锦记生产车间的全自动化总控房

“以前这个大木桶放在这里，虾酱气味很浓烈，现在放置时间长，味道淡了。”李锦记工作人员告诉记者，这个巨型木桶是很久以前李锦记制造虾酱的主要工具，以前做虾酱，先在木桶底铺一层盐，再铺一层银虾，又再铺一层盐，直到铺满大木桶。然后就腌晒、发酵，待一定时间后，虾酱就制好了。

据资料介绍，这个大木桶于20世纪初在澳门李锦记厂开始使用，后期运往香港大屿山的大澳虾场继续使用。该木桶结构坚实精美，采用打榫方法，不用铁钉制成，历久如新。

现在的李锦记，无论虾酱、酱油、蚝油均已现代化生产，并采用高科技生产出航天酱料，大木桶制虾酱时代已成为历史记忆。

街坊议

经销商合作延续几代人

“有人情味”是很多李锦记集团员工的感受。目前仍坚守在澳门老店做销售的威叔，从15岁起进入公司，至今已在李锦记工作60余年。在威叔的店铺里，记者看到货架上不仅密密摆满各式李锦记调味品，其中一边货架上还摆满他与李家第三代、第四代和第五代传人的合影。

》年近八十的曾展威老先生，现今依然守护着李锦记澳门老铺

“我工作好开心的，所以可以一直做到现在。”威叔说，他能坚持做到现在，除了能赚钱，也因为跟老板一起做生意久了有感情。“大李生（李文达）以及李家人对员工很尊重，对人有礼貌，李家几代子孙都认识我，见到都会打招呼。”

李锦记的家族文化深刻地渗透到每一个家族成员，这使他们将员工、经销商、合作伙伴也视为家人。在翻阅史料时，记者看到李锦记的不少海外经销商与其相伴多年，合作关系持续了三代，甚至四代。

在墨西哥经销李锦记的周朝亮一家与李锦记的合作关系持续了90年。20世纪20年代，周朝亮的父亲就已在当地经营李锦记的蚝油和虾酱。20世纪70年代，熊猫蚝油开拓北美市场，周朝亮帮助李锦记在当地餐饮、零售等各渠道分销，销量越来越大。现在，他又将这一事业传承给他儿子来打理。

■ 威水史

1888年

李锦记创始人李锦裳在中国广东省南水乡发明蚝油，创立李锦记蚝油庄。

1902年

李锦记迁至澳门，建立横跨广东及香港的分销网络。

1920年

李锦记传至第二代。李兆南致力改进生产流程及提高产品质量，再加上具有创意的市场战略，使李锦记蚝油和虾酱产品风靡北美主要城市。

1932年

李锦记迁至香港，迅速扩展业务以切合日益增长的海外市场需求。李锦记重新设计了商标和标签，开始建立品牌形象。

1972年

李锦记第三代传人李文达接任李锦记公司主席一职，制订公司业务方针和拓展策略，为公司未来发展明确方向。李锦记打破单一品牌的传统，推出熊猫牌蚝油并风行全球。

20世纪80年代

李锦记第四代成员在海外学成归来，并相继加入李锦记，为李锦记注入了现代化的企业运营思维、引进世界最新的科学技术、市场营销及管理手段，加速了李锦记从历史悠久的老字号转变为现代化企业的进程。

1988年

为纪念李锦记成立一百周年，李锦记启用全新的企业商标，红色的拱桥标志象征着李锦记用优质的产品搭建起促进东西方文化交流桥梁的美好愿景。

李锦记总部搬至香港大埔工业邨。李锦记香港大埔厂房启用。

1991—1998年

李锦记美国加州洛杉矶、广东新会、黄埔、马来西亚吉隆坡等地厂房相继启用。

1992年

李锦记集团正式进入中国内地市场。

李锦记推出XO酱，深受市场好评，并让中式酱料上了一个新台阶。

2003年

李锦记酱油系列产品获中国国家质量监督检验检疫总局授予“中国名牌”的认证。

2006年

“李锦记”商标被国家商标总局认定为“中国驰名商标”。

2012年6月

李锦记入选航天食品，成为“神舟九号”载人宇宙飞船宇航员使用酱料，并获委任为中国航天事业合作伙伴。

2012年10月

李锦记连续2年蝉联“消费者最喜爱、最放心调味品品牌”荣誉称号。

2013年6月

李锦记再度入选航天食品，成为“神舟十号”载人宇宙飞船宇航员使用酱料。

2013年11月

李锦记获颁“中国调味品行业最具国际影响力企业奖”。

文/欧志葵　甘韵矶　图/吴伟洪

致美斋：酱香里蕴藏四百年致美之道

“人生开门七件事，柴米油盐酱醋茶”。自古以来，赋予每顿饭菜色香味的调味料，被视为生活不可或缺的必需品。“油盐酱醋”在“开门大事”中就占了七分之四，可见它在国人心目中的地位崇高。

在广州繁华的市中心，中山四路与文德路的交界处，就有这样一座神奇的酱园：406年来历经风风雨雨，它却岿然不动，堪称广州现存店号中的“长者”。每当

》20世纪末致美斋老铺拆迁前，广州发行的致美斋明信片

路过此处，人们总是“未至其门，先闻其香”。它的名字，叫做“致美斋”。

早在清嘉庆年间，广州致美斋就与北京六必居、上海冠生园、长沙九如居并称为“中国四大酱园”。如今，致美斋的招牌没有在岁月的风霜中褪色，反而保持着旺盛的生命力。它不但被评为“中华老字号”“中国驰名商标”，更成为全国同行业第一个获得ISO认证的企业。过去“前店后工场”的作坊，也早已成长为大规模现代化生产的“调味品王国”。

日用酱料虽然平凡琐碎，但要读懂酱缸里的奥秘却并不容易。究竟是什么秘诀让这所古老的酱园保持不老青春？大学之道，止于至善；酱料之道，止于“致美”。我们从“致美斋”的宝号里，或许能猜出几分玄机。沉淀了四百年的“商道”，也得从这里谈起。

解码一

严格管理：任人唯才揽四方宾客 选料精纯致百年美味

说起致美斋的来历，要将史书翻到明万历三十六年（公元1608年）这一页。

起初，致美斋只是一家专卖白粥、油条的小吃店。这里正对城隍庙，是广州最繁华的商业重地。熙熙攘攘的人流里，蕴藏着无穷商机。随着周边小吃店的数目不断增多，商家对调味品的需求也在与日俱增。因看中制酱业的发展前景，老板刘氏毅然转行。凭借敏捷的思路和严格的质量把关，致美斋很快就在各大酱园中崭露头角。

“致美斋”的铺名，乃是来自酱园里代代相传的一条古训：“用水致纯，选粮致精，工艺致正，酱品致香，待客致诚，味道致美”。这24字真言，可谓字字珠玑，每句话都蕴藏着一条工艺准则：为保持“用水致纯”，致美斋放弃了水质不稳定的珠江水，不惜耗费人力，自行掘井取水；为保证“选粮致精”，致美斋的选料都经过严格筛选，酱油一色采购北方大豆为原料，甜醋必须选用立秋前的嫩姜为姜胆，而嘉味油榄则非立秋后二十天的增城乌榄不用；为保障“工艺致正”，致美斋不惜重本从全国广纳贤才：京城的麻油师傅、浙江的浙醋师傅、阳江的豆豉师傅、增城的榄角师傅……

“致美斋强调工艺不可偷工减料：浙醋、南乳、腐乳都要酿造或发酵三个月以上，天顶头抽更要晒制270个晴天，不到日子绝不能出售。”致美斋工程师、第十三代技艺传人罗瑞山介绍道。

对一家企业来说，“物力”与“人工”两种要素从来不可或缺。从清代开始，致美斋就开始实行严格的管理制度，设专人负责产品监制、市场经营和资金管理。如此一来，既使产品质量得到保证，也让市场供求得到及时满足。致美斋还制订了一份明细的《铺规》，上铺后聚赌、饮酒、宵夜、闲谈，甚至工人无事出街过夜、带家属进入场店等行为，都在禁止之列。

》致美斋工程师、第十三代技艺传人罗瑞山

这些“清规戒律”看似严苛，但致美斋对上下同仁并不失人文关怀：每当员工家属从外乡来广州探亲，致美斋都会出钱在附近为其租住旅店，方便员工与家属团聚。为物色到千里挑一的经营人才，致美斋更不惜重金“买宝”。故此，致美斋店规再严，也鲜有员工“跳槽”。

解码二

巧做宣传：现榨麻油飘香千里　戏文传颂名扬万家

高质量的出品，为擦亮企业的招牌奠定了坚实的根基。“未至其门，先闻其香”，是人们对致美斋老铺的第一印象：过去，致美斋老铺门前总是摆着一个盛满麻油的大铁镬，手把葫芦壳的工人在镬中不断挠上挠下，经过反复搅拌的小磨麻油香溢四邻，撩人心扉。香气中还夹杂着甜醋、酱油的滋味，成为“老广”们特殊的集体回忆。

这道独特的城市景观，背后却蕴藏着致美斋创始人的独具匠心。当众磨制芝酱麻油，为的就是让路人都来亲眼见证致美斋酱料制作的真材实料。难怪香港老牌报人、美食家陈梦因客居羊城期间，就为致美斋的麻油和芝麻酱神魂颠倒、醉心不已，直叹在港未能一饱口福。

除了在铺面的布置上下功夫外，致美斋亦十分注重品牌宣传。早在民国时期，致美斋就率先为自己的品牌大打广告。天字码头上“致美斋添丁甜醋”“致美斋生晒原生抽”等醒目的大字标语，让许多市民和游客记忆犹新。

面向不同的客户，致美斋采取不同的宣传策略。过去，“尾牙”（即农历十二月十六日）是商人传统的年终结算日，致美斋就趁商家年会时，将印有商标的酱油分赠各大商户，以提高行内知名度。在小食摊档星罗棋布的广州长堤和东堤，致美斋则主动为档主提供优惠。

在戏文中加插广告，也是致美斋首创的一道“奇招”。民国初年，由“粤剧四大家”之一廖侠怀担纲的名剧《大闹广昌隆》在广州火爆上演，其中一段情节就发生在城隍庙畔。致美斋老板灵机一动，迅速疏通关系，在剧本里加插一行对白：“到了文德路致美斋酱园，对面就系城隍庙，就快到二牌楼了。”

这段唱词既巧妙道出了致美斋的招牌，顺带还将致美斋的地址告知观众。一经传唱，更令致美斋的大名家喻户晓了。

解码三

敢于创新：酱料王国屡添“新丁”　勇立粤菜创新潮头

保持不变品质之余，致美斋也一直致力与时代接轨。粤菜素以善于模仿创新闻名。为适应粤菜这一鲜明性格，致美斋的产品不断推陈出新，而它花样繁多的酱料，也为粤菜的菜式创新提供源源不绝的灵感。“食在广州，味在致美斋”这句行话，就揭示了两者形影不离的紧密关系。

致美斋在西方番茄酱的基础上，结合广东人的口味加以改进，研发出番茄沙司。“鲍鱼汁也是我们首创的产品，它在蚝油和海鲜酱的基础上改造而成。今天大家常常吃到的‘鲍汁扣鹅掌’，就是我们酱料创新推动下研发的菜式。”罗瑞山自豪地介绍说。

谈到致美斋的酱料研制，罗瑞山可谓如数家珍。除鲍鱼汁外，致美斋还相继研发了特级生抽王、排骨酱、叉烧酱等，为致美斋酱料家族的成员连连“添丁”。

在400年发展历程中，致美斋经历多次跌宕起伏。每一次从低谷里重新崛起，也几乎都与调味品的革新有关：八年抗战，民不聊生，致美斋也进入了创业以来最惨淡的时期。为扭转局面，老板刘养年聘来酱料名家钟伟如，积极拓展江、浙、川、

》致美斋天顶头抽

湘各式调料业务，同时发展了酱油品种，让致美斋的生意重新有了起色。

20世纪50年代，由于原材料采取配给制度，酱油标准分为固定三等，作为致美斋王牌的天顶头抽被迫停产。然而，员工们却暗下苦功，保持精进技艺和学习热情。2008年，停产达半个世纪的天顶头抽复产，产品不仅品质无损，更将4种传统优质酱油工艺融为一体，迅速受到追捧。复产的第一瓶天顶头抽甚至拍出了18000元的全球酱油最高价，成为轰动一时的新闻。

致美斋敢于创新带来的味觉体验，还为中美建交立下了汗马功劳。1972年，美国总统尼克松访华期间，美国代表团为答谢宴请中方领导人，菜谱上恰有一道需要“白酱油（无色酱油）”的菜式。这种酱料从未在国内出售，也无人掌握相关技术。国家商业部急电广州主管部门，要求48小时内研制出100公斤白酱油，空运北京。在致美斋全厂同心协力下，采用现代脱色技术，不到20小时便保质保量完成了这一“特殊任务”。致美斋深厚的技术功底，从中可见一斑。

论道

“和味”乃百年酱园之魂

在广州人的天性里，对正宗“粤味”有着异常执着的讲究。曾有调查发现，将近9成的市民认为，只有那些严守“粤味”的商家，才有资格评为代表羊城的老字号。作为广州城市味道的记忆、粤菜的烹饪基石之一，对纯正“粤味”的坚守，更是致美斋必不可少的灵魂。

到底什么是纯正的“粤味”呢？粤菜文化研究者、旅游产业研究专家劳毅波认为，“生猛新鲜”与“和味可口”是粤菜的两大典型特征。“‘生猛新鲜’的鲜味只有通过各种粤酱的吊牵，才能达到‘和而不杂，味和至香，可口欢吃’的境界。致美斋在这一点功不可没。”货真价实，是致美斋恪守的金科玉律。然而，坚守不等于一味“守旧”。致美斋的酱料门类与营销方式都在不断创新。

不过，致美斋珍存的另一种“和味”更为可贵——“人情味”。“每位来到致美斋老铺打酱油的市民背后，都能说出一段人情故事。”在劳毅波看来，无论爷爷嗜好的重口味老抽、爸爸惯用的面豉酱、还是妈妈调制的姜醋蛋，都夹杂着致美斋独特的酱香与温馨的家庭记忆。

“产品求创新，营销用文化，经营重人情”，是劳毅波为致美斋总结的百年商道。难道这不也道出了广东精神的价值所在——在推陈出新的同时择善固执，经营有道却不忘文化与人情。正是基于这样的要诀，使得包括致美斋在内的众多老字号，能够陪伴一代代的市民共同成长，不断“老”下去。

掌柜言

四百年老店寻找“忘年之交”

保持传统的卓越品质是致美斋的“根”。然而，在时代的挑战面前，保持传统往往需要付出代价。致美斋老铺负责人曹伟明坦言，由于传统工艺的制作时间较长，与现代人的口味也存在一定差异，要维持百年老店的吸引力，致美斋也需要与时俱进，在年轻人中找到更多“忘年之交”。

为此，致美斋提出了“卓越品质，滋味生活”的经营理念：一方面，致美斋推出了一系列口味清淡、快熟即食的调味料，以适应现代人的健康追求和快节奏生活；另一方面，一些经典的拳头产品也纷纷“变身”，披上轻巧时髦的新装吸引新生代的消费。

曹伟明认为，致美斋所传递的“滋味”不仅是一种味觉上的享受，更是一种温馨的生活方式，让每个家庭都过得“有滋有味”。

“体验厨房”营销活动生动地体现了这一主旨。曹伟明介绍，致美斋在铺面向市民开设了试食平台，还请来美食家现身说法，传授致美斋调料的煮食心得，借此增进市民对新产品的了解，同时为下一步的开发吸纳更多民间智慧。

当然，在改革步伐的同时，有时也不得不忍痛割爱。由于不再捧出酱缸让街坊打酱油，今天在中山四路已闻不到浓郁的酱香了，也造成致美斋部分客户流失。曹伟明特地向记者解释，在食品安全如此受人关注的今天，为免造成二次污染，店方宁可牺牲这些利润，也要杜绝不卫生的产品进入厨房。

“只有‘致美斋’这个牌子才是至宝，牺牲什么也不能将品牌丢掉。”曹伟明斩钉截铁地表示，只有经得起现代人对食品安全的要求，百年酱园才能继续成长为一棵永葆活力的“常青树”。

上河图

土缸瓦罐为“打酱油”正名

作为老广州著名的“商业地标”，致美斋已经屹立了406个春秋。然而，2002年的一则消息惊动了广州街坊：致美斋老铺因道路扩建与房地产开发等原因拆除了。

正当人们担心致美斋老铺会否就此从地图上消失时，暌违食客9年的致美斋却在2011年9月28日“荣归故里”，成为广州第一家原址回迁的老字号。

故址重建的致美斋，占地面积虽然小了，装潢却更显古色古香：骑楼以铜制的《古酱园工艺图》包柱，详述传统调味品的制作流程；外墙的《明代致美斋周边全景图》，让顾客品味致美斋的旧日风情；24字“园训”也用汉隶铭刻在墙上，传承着百年不衰的文化密码。

》百年老店致美斋

步入致美斋老铺，琳琅满目的调味品堆积如山。走上二楼，眼前又是另一番景象：四下摆放着各式各样的坛坛罐罐，都是从前制作酱料的器具。一个写着“靓老抽”的翡翠绿瓦缸，还在告诉人们“打酱油”这个网络戏谑之语最初的真正含义。

众多藏品之中，真正的“镇馆之宝”非楼梯口挂着的老招牌莫属。这是老广州人最熟悉的招牌之一，也蚀刻着曾经的磨难与风霜。“文革”期间“破四旧”，这面牌匾不得不从铺面卸下。恋恋不舍的老员工却不忍将其丢弃，将它反过来当作床板睡觉，使之度过一劫，也为百年老店留下了宝贵的实物佐证。

街坊议

铁杆粉丝力保“平反”致美斋

在致美斋迎来老铺重生的那段日子里，广州城发生了一件咄咄怪事：买酱油也要排队——致美斋平均每天都要接待超过两千人，这条人龙竟足足“排”了两个月。尽管要轮候十多分钟才能进店选购，老主顾们无不喜形于色，满载而归。

吸引这些老顾客前来的，不仅是致美斋品质如一的产品，更是蕴藏其中的浓浓街坊情。一些白发老者不辞路远，为的就是找回童年时的记忆——或许，他们小时候都曾到致美斋帮妈妈买酱料，都曾忍不住它传来的香气，买到手中，就在路上边走边偷吃。

家住小北路的罗姨就是其中一名“忠实粉丝”。“从小时候开始，我就常常听说妈妈念叨‘致美斋’这三个字。”致美斋是罗家代代相传的“传家宝”。待到自己成了家，罗姨也亲身体会到致美斋价廉物美的好处，并将这一煮食经验传授给下一代。

罗姨的经历，不过是广州千万人家的一个缩影。老街坊们也曾与致美斋风雨同路。“文革”时期，被打成“封资修”的致美斋，一度改名“永为民”。那些对致美斋有着深厚感情的老华侨岂能答应？他们在广交会上苦苦寻索，必须看到“致美斋”的商号才肯下订单。迫于市场压力，致美斋很快就在外事办的介入下“平了反”，古老的招牌重新傲立羊城街头。

致美斋也一直感恩街坊们不离不弃的支持。在老店重张期间，有时到了晚上11点多，还有来自澳洲的客人前来拍门。“当时我们都已经收铺关门了，结果还是破了例开门，待他选购完了才收铺。”曹伟明表示，致美斋是带着广州人对老字号的集体怀念回到中山路的，今后将更珍重这份情谊，把它世世代代延续下去。

■ 威水史

1608年

致美斋创立。

清嘉庆年间

致美斋被誉为“中国四大名酱园”之一。

1958年

致美斋在广州市三元里沙涌北设立生产厂。

1972年

致美斋成功研制出中国第一瓶白酱油。

1989年

广州市致美斋食品厂被国务院企业管理指导委员会命名为“国家二级企业”。

1993年

致美斋被国家内贸部评定为“中华老字号”。

1997年

致美斋成为全国同行业第一个领取ISO认证的企业。

2000年

获广州市政府颁发的广州市第一批“广州老字号”。

2002年

致美斋产品被认定为“广东省名牌产品”。

2009年

致美斋糯米甜醋、致美斋酱油（生抽王）和致美斋酱油（双簧生抽）被认定为“广东省食品文化遗产”。

2010年

致美斋商标被认定为“中国驰名商标”。

2011—2012年

“致美斋广式调味品制作技艺”先后被列为市级和省级非物质文化遗产。

文/杨逸　陈小悦　图/刘力勤　陈志明

东古酱油：百年酱园，味满天下

600多年前，古姓和劳姓祖先从外地移居至毗邻鹤山的西江河畔建圩，从此有了古劳镇。鹤山古劳，是珠三角地区最典型的水乡。这片半丘陵半堤围的水网地区，有着“小桥流水人家”的如画美景，被旅游界冠以“东方威尼斯”的美誉。

近160年的岁月里，从隐藏在古劳镇古劳墟的酱料食品小作坊，到如今倚靠悠然明净的仙鹤湖的调味品生产基地，东古酱油，正是在这片人杰地灵的水乡诞生、发展、壮大。百年的坚守与传承，使东古成为第一批获评“中华老字号”头衔的企业，也成为古劳当地最亮丽的一张名片。

解码一

百年传承：“调珍酱园”历经百年不衰　坚持传统技艺入选非遗名录

清代以来，古劳民间一向有酿制面豉的风俗习惯。清朝道光三十年（公元1850年），鹤山县杨氏商人因西江水潵，便选址现古劳镇东宁街，创办调珍酱园，经营面豉、酱油，成为今天东古调味食品有限公司的前身。

虽然其时民间酿造面豉盛行，镇上制造古劳面豉的作坊众多，但杨氏后人杨其泮先生所独创的面豉却独占鳌头。这个在当时享誉盛名的民间酱料食品小作坊，在1949年以后成为国营鹤山县酱油厂，1996年又经体制改革组建为鹤山市酱料食品有限公司，2001年更名为“东古调味食品有限公司”。

在百年风云变幻中，东古历经不断改造、发展，其在生产、制作、包装、销售等方面都有了翻天覆地的变化。唯一不变的是调珍酱园里酱油、古劳面豉等产品的传统制作工艺。而这，正是让东古酱油历经百年而不衰的秘诀之一。

“在发酵细制方面，我们还保留着160多年前的方式，用小池发酵。”东古调味食品有限公司一位技术员介绍，为了保持酱油的浓香，东古至今仍采用最传统的制作工艺。

与现代大缸发酵相比，这种工艺让制作工程程序更加复杂，且花费的成本高。因为小池占地面积大，迫使东古不断扩大生产基地规模，目前，该厂里发酵小池就有3000多个，占了生产基地近一半面积。

东古调味食品有限公司董事长任权泮说，曾尝试改用其他更便捷的方式酿制酱油，结果出品“没有这么香”，最后企业毅然选择回归百年工艺，保持传统。

多年来，东古在传承传统技艺上不遗余力。东古最经典的产品古劳面豉，至今仍全部沿用160年前的天然晒制方式生产，而系列食醋产品至今仍采用传统原始酿造方法，仅利用醋种接入原料发酵。

这种精耕细作的制法，使东古酱油拥有了属于自己的特殊酱香。而因对传统技艺的坚持，东古酱料也被认为代表着广东省酱料传统生产技术的最高水平。2012年，东古牌系列酱料制作传统技艺被列入“广东省第四批非物质文化遗产项目名录”。

解码二

创新发展：现代化技术提升产品质量　产品线延伸生产规模扩大

如果说从一粒黄豆到一滴酱油，最终成为传世调味，是因为坚守。那么，东古能从160年前的小作坊发展成为今天的调味品生产基地，靠的则是不断创新。

“我们从20世纪80年代开始就有研发中心。”任权泮说，产品质量是生命线。目前，在东古仅高级技术人才就有20多名。这个领先业内的技术团队，利用国内先进的技术设备和严谨的管理，在传统工艺中不断融入现代化技术，对完善生产工艺、丰富产品种类不断进行探索、研发。

之前，东古酱油制曲受到氧气与温度限制严重，后来便采用机械化循环鼓风制冷供氧以及翻曲系统，使制曲时间相比旧工艺提前十多个小时，大大提高了生产效率。由于严格监控制曲质量，所酿造酱油依然能保持一流的色香味。东古酱油的品种、规格也在创新改造中得到了延伸，已从最初的单一品种发展成今天有60多种产品，主要包括酿造酱油、腐乳、食醋、酱、调味料、果酱、酱腌菜等七大类调味品。

》东古酱油的高速生产线

东古所有的创新发展都围绕着一个主题——提升产品质量。

“调珍酱园”依托的是清澈的西江水，现在随着自然环境的变化，东古酱油又转向仙鹤湖，改用更清洁的山泉水。为了保证食品安全，东古专门成立一个团队层层把关，严格控制原材料的购进、使用，甚至监控着生产厂家的生产来源。原材料从购进到使用最多经过30项化验，自己无法化验的项目便送至省里。与此同时，企业对酱油的生产条件、卫生情况等方面都进行了多次改进。

为了将产品质量再推上一层楼，东古还与广东省各大食品研究机构合作，不断针对现有生产工艺进行改进完善。目前，东古的一些生产车间已经实现全自动机械化，生产效率明显提高，品质也进一步提升。目前，东古不但获得了ISO9001：2000质量管理体系认证，还通过了更为严格的ISO22000食品安全管理体系认证。

正因为此，2000年，东古牌系列产品荣获“国家质量达标食品”称号；2002年，东古又被国家质量检验检疫总局授予“广东省质量较好食品企业”之一的称号；2003年，东古酱油、食醋系列产品顺利通过生产许可证（QS）验收。

产品的质量提升也推动着东古进入发展上升期。2000年，东古公司决定在古劳镇麦水工业区新建一个符合国际标准的调味品生产基地，首期工程于2004年秋季正式投入使用，迄今厂房面积占地400亩，酱油年产能力超过6万吨。

解码三

开拓进取：销售额连续十年高速增长　传统乡土特产远销海内外

杨其泮先生独创的面豉因其特殊的制作工艺和精益求精的选料包装风靡一时，远近闻名。一些华侨还将杨其泮所生产的古劳面豉带往美洲，将家乡味道传到海外。

正是由于东古产品在鹤山人心中的重要地位，杨其泮的生意越做越大，“调珍酱园”也在当地众多的作坊中成为传承不衰的典型代表。如今东古系列酱油已有相当大的全国市场占有率，销售总额连续10年增长25%以上。2013年，东古的酱油生产已经达到20万吨，位居国内重要酱油生产企业之列。

目前，东古产品中有90%分销在国内市场，畅销全国各地。另外10%左右的产品则卖到海外市场。

“现在全世界都在关注中国的崛起，而中国的崛起以中华传统文化为先锋。”任权泮说，在东古人看来，自己作为具有百年悠久历史的民族企业，所代表的正是中华传统文化，他们有责任将代表中华传统文化的调味品传播到全世界每一个角落。“以民族企业为本，立足中华，面向世界”是东古提出的开拓理念。

“我们去到美国超市，也看到东古牌的酱料摆在货架上。”任权泮自豪地说。凭借过硬的产品品质以及在海外华人社区大力推销品牌，东古生产的调味品目前在许多国家都得到海外华人的青睐，近年更是吸引了不少海外经销商慕名而来，洽谈建立更广泛的国际合作体系。

去年开始，东古酱油开拓了南美国家市场，目前东古酱料已出口南美、东南亚多个国家。不过，尽管有不少海外经销商主动找上门来寻求合作，但由于东西方饮食文化的不同，东古的酱料在海外市场销量仍不算很大。为此，东古也正在尝试研发西餐佐料，以打开更大的市场。

“随着公司HACCP体系认证和进出口许可证的审批，以及加入某大型跨国零售集团的全球供货体系，东古系列产品将来一定能打开广阔的海外市场，使代表中华传统文化的调味品传播到全世界每一个角落。”任权泮表示，海外市场的开拓将给企业带来良好发展前景。“向世界出发，东古满怀信心”。

掌柜言

不断创新　紧跟时代步伐

在现代商业社会，一些企业从最初的小作坊不断走向强大，历经数十年而不衰，但更多的企业由于不具备持久的生命力，难逃“生命周期规律”，纷纷消失在商业浪潮中，而跨越百年者更是鲜见。

所幸，东古被大浪淘沙后又重新焕发色彩。现年60多岁的任权泮，从40多年前的一线工人到如今的东古掌舵者，见证了这家老字号不断变革的历史。他认为，未来中国调味品行业里，最终留下来的也只有10家左右，绝大部分的调味品企业和小作坊都将死掉。

“出于调味品管理和安全的需要，不具备市场占有能力的企业会被限制，最终将被大企业吃掉。”任权泮说，虽然东古历经百年，但现在仍处于上升期，未来要想不被淘汰，必须不断创新。

在任权泮看来，正如俗语所言“柴米油盐酱醋茶”，中国人的饮食习惯永远离不开酱，这是东古能一直生存的根基。而随着时代的变迁，人们的饮食习惯和爱好也有所改变，特别是对产品的选择也逐渐多元化，必须结合传统加入更多的新元素。东古正是通过不断更新产品，在“变”与“不变”中进行博弈。“每隔一段时间，东古都会更新产品，有的是在味道上有所改变，有的是在产品外观上推陈出新，紧跟时代的步伐”。

街坊议

东古酱料　“家”味最浓

在鹤山刘妈家里，东古的酱料是最常见的，酱油、面鼓酱……大瓶小瓶摆满了厨房的架子，“一品鲜是用得最多的，适合协调全家不同的口味，老抽用来上色，生抽味重色轻用来炒菜，腐乳用来拌香菜，老人家最喜欢了，还有黄豆酱，年轻人喜欢。”刘妈说，全家的一日三餐少不了它们来调味。

刘妈住在龙口，离古劳不远，“东古”是她最熟悉的牌子，也是她日常烹饪用料的首选。在她常去的菜市场、小卖部和大超市里，展示架上都能看见东古酱料。“东古是鹤山的牌子，工厂就在我们旁边，平时经过远远就可以看见门口的大酱油瓶。”刘妈说，可能是地缘关系，鹤山的师奶都觉得东古酱油比较亲切，“家”味也显得浓郁一些。

“以前大女儿上高中住校，我怕她营养不够，就用东古的面鼓酱蒸些猪肉，等凉了用玻璃瓶装好，不怕变质，味道又好，可以吃上一个星期。”刘妈回忆道。就像最近热播的纪录片《舌尖上的中国》里说的，最好吃的美食，其实往往是“妈妈做的菜”——食物的背后，是对家的美好回忆。

“我自己也忘了是从什么时候开始用东古的酱料，试过买别的牌子，但总觉得不如东古的吃得习惯，而且味道适中、价格实惠。”刘妈说。

上河图

百年酱园散发浓郁酱香

刚走进古劳镇麦水工业区，东古的酱香就扑鼻而来。从办公大楼放眼望去，生产基地里数百座小晒场并列排开，齐整又壮观。晒场旁边，是密密麻麻难以计数的酱缸，细看这些造型古朴的酱缸，颇有时光倒流之感。东古公司陈经理说，东古作为老字号的看家本领都藏在这里。

每隔一段时间，大批的优质黄豆就会从外面运进来，经过筛选之后，加入面粉和曲种混合搅拌，然后就放进各个晒场进行晒制。古劳地处亚热带，阳光充足，小池晒豆，受光面广，历经90天的阳光晒制后，散发浓郁香味的酱油就会流淌出来。

这些天然古法酿造的酱油，通过管道进入沉淀、过滤设备，再经高温灭菌、沉淀、过滤、多重检验等多个流程，便成了人们在超市货架上看到的一瓶瓶东古酱油。一百多年坚守的传统工艺，享誉海内外的优异品质，正是由此而来。

》制作酱料的酱缸

论道

质量是永远的生命线

从昔日传统作坊式的调珍酱园，到今天规模宏大、技术力量雄厚的现代化专业生产调味品企业，传承百年酿造工艺的东古续写了一部现代味业传奇。一瓶酱油，是如何紧紧抓住几代人的味蕾而经久不衰？又凭借什么成为人们心目当中的“中华老字号”？

在东古看来，质量是永远的生命线，也是品牌的基础，品质管理必须贯穿从采购、生产到成品包装的全过程。只有对产品、过程、体系全程进行监控和检测，才能使产品质量持续稳定受控。在食品行业鱼龙混杂的今天，东古对产品质量的定位和管控道出了百年老店的传世秘密。

“保证不了质量，一切都是空谈。”任权泮介绍，为了保证产品质量，东古的酱油坚持选择最优的原料。如作为主要原料的黄豆，就只选用中粮集团等大公司的非转基因优质黄豆，经过精挑细选和严格检测，保证每一粒都结实饱满。

又如在生产工艺和生产流程的把关上，东古生产酱油坚持小池晒制的传统天然酿造工艺，仅是半成品就需要经过90天晒制。这样的坚持，付出的是更长的制作时间、更高的制作成本，收获的则是与众不同的传统风味。这或许就是百年老店和普通企业的不同之处，也是他们能在时间的淘洗中留存下来的一大原因。

当然，对于传统的坚守并不意味着丝毫不做出改变。只要能够保证和提高产品质量，创新也是众多老字号企业必然的选择。无论是如今占地400亩的现代调味品生产基地，还是现代化的管理和营销体系，抑或越来越丰富多样的产品线，其实都是顺应时代的创新之举。东古的故事，其实也是在告诉志在成为老字号的企业，只有围绕产品质量不断进行创新，才能成为不惧时代变化的百年老店。

■ 威水史

清朝道光三十年（公元1850年）

鹤山县杨氏商人在现古劳镇东宁街创办调珍酱园，杨氏后人杨其泮先生所独创的面豉风靡一时。

1956年

调珍酱园转为公私合营，收归国有，改为“高鹤县调珍酱油厂”。

1957年

高鹤县调珍酱油厂与食品厂、酒厂、烟丝厂合并为综合厂。

1958年

各厂分开，成立高鹤县酱油厂主要生产酱油、面豉，销售范围遍及珠三角地区，并出口至香港、澳门及东南亚各地。

1982年

恢复鹤山县建制，高鹤县酱油厂改为鹤山县酱油厂。

1993年

鹤山撤县设市，改为鹤山市酱油厂。

1996年

鹤山市酱油厂率先转制，由国有企业转制为全员股份企业，酱油厂改组为鹤山市酱料食品有限公司。

2001年

正式改名为“鹤山市东古调味食品有限公司”。更加着重开拓省外更多的市场，使公司从当时销售额为数百万元的小企业，发展为颇具规模的调味品生产基地，连续数年增长达25％以上。

2004年

鹤山市东古调味食品有限公司在古劳镇麦水工业区的调味品生产基地首期，正式投入使用。

2006年

鹤山市东古调味食品有限公司在古劳镇麦水工业区的二期工程完成，完成酱油产量的倍增。

图文／徐乐乐　陈春花

九江双蒸：百年粤酒饮粤味

“喜得儒林陈佳酿，助吾茅舍款嘉宾。”古往今来，多少名人名家品酒吟诗，因酒写就佳句。在百花争艳的中国酒文化中，岭南酒文化是其中一枝“奇葩”，而其中代表之一，便是广东佛山的九江双蒸酒。

开头这两句诗，出自佛山九江大儒、康有为的老师朱九江之手。诗句中，“儒林”指的是“九江”，“陈佳酿”则就是大名鼎鼎的“九江双蒸酒”。据说，朱九江对九江双蒸酒爱不释手，每每品饮后获得无穷灵感。清代诗人曾恕品过九江双蒸酒之后，也曾一挥而就“垂竿布网闲中事，庆举双蒸醉月明”的佳句。

历经200年沧桑，九江双蒸酒如今已成为岭南文化的符号之一。在岭南人家里，它不可或缺，皆因它“喝也行，炒菜也行”；在海外，它也与广东凉茶一样，成为海外游子们的乡愁解药……

解码一

百年酒乡出品享誉南北　雅士赋诗赞草根亦钟情

“这双蒸，是我的心肝宝贝，喝也行，炒菜也行。这两道菜‘酒浸花螺’‘酒蒸鱼头’全靠它了。”早前，香港TVB清装戏《九江十二坊》中，港星陈锦鸿和林保怡演绎的九江两大制酒家族的恩怨情仇，一度将被人遗忘已久的佛山九江历史风情画再次展现，唤起不少广东人心底的美丽回忆。

九江双蒸，因岭南古镇九江而名。九江一地，山水浸厚，物产丰饶，人文蔚起，俗尚诗书，敦礼矜重。500多年前，明朝代宗皇帝赐其“儒林乡”之美誉，在清代，九江有社学和书院30多所，居当时南粤之首。

九江港还是一个拥有800余年历史的商埠，商贾往来，商业繁荣，使当地酒业兴旺。九江酒业文化始于明代，当时有人在九江开设酿酒作坊，至清代酿造技艺日臻成熟。

据九江乡志记载，明清两代，九江镇酿酒业盛况空前，巷巷有酒坊，街街有酒店，人人论酒经，家家户户都会酿酒。岭南九江酒也享誉海内外。

民国初年，由谭篆青主持的“谭家菜”在北京名声大噪，九江双蒸酒更成为店家不轻易示人的一大珍品。

不过，九江双蒸并非文人雅士方可享用的“贵族酒”，而是平民百姓皆能消费的“大众酒”。在珠三角甚至港澳地区，久负盛名的九江双蒸酒早已融入当地人生活，成为一种民俗。

“九江双蒸价格不贵，老百姓能消费得起，无论是嫁娶、送礼都适宜；这种白酒看起来冰清玉洁、无杂质，适用于各种民俗活动，例如敬神；这种酒用大米制作，健康，偶尔贪杯也不会头疼。”佛山民俗专家余婉韶认为，九江双蒸酒拥有亲民的特性。

在传统粤菜中，很多美味佳肴都要用到酒，而九江双蒸就是厨师最常使用的粤菜法宝之一。许多当地人在结婚、摆满月酒、祝寿、中秋、春节等重要节庆日时，都会在餐桌上摆上一壶九江双蒸酒，祖祖辈辈，流传至今。

20世纪80年代，港台知名歌星许冠杰曾有一首唱响大江南北的粤语歌，就是传

» 九江双蒸酒博物馆陈列的酿酒传承

颂九江双蒸。这首《有酒今朝醉》歌词道“叹下双蒸，打牌抽下水”，就反映当时九江双蒸酒已深入市民生活中。

解码二

坚守岭南酿酒古法工艺 “出口九”至今畅销海外

古时，九江知名的酒坊有十二家，号称“九江十二坊”，其中属友隆兴最大。在日本侵华期间，整个九江镇几乎沦为废墟，人口锐减，酿酒业随之凋零。

1952年，以永德兴为代表，利农、大德、公源、金记、祥隆兴、太上、生兴、鸿德、大益、宏记、恒发隆12间酿酒作坊共同组成“九江酒业联营社”。它就是如今九江酒厂的前身。

在很长一段时间里，九江双蒸酒是全国出口量最大的白酒，远销港澳、新加坡等地，在海外的影响力不亚于茅台、五粮液等名酒。1971年便进厂的曾师傅介绍说，1980年九江酒厂年出口量为3500—4000吨，产品销往港澳、东南亚一带，以及美国、英国、瑞士、澳大利亚、加拿大、德国等国家，以致九江双蒸被广东人称为“出口九”。

如今，九江双蒸酒产销量已突破5万吨，稳居广东米酒龙头地位，出口量更是长期居于全国前列。

是什么使岭南酒代表的九江双蒸至今保持强劲的市场竞争力？

“九江双蒸经过双蒸、发酵、蒸馏、酝浸等过程之后，形成玉洁冰清、豉香独特、醇和甘滑、余味爽净的独特风格。”广东省九江酒厂有限公司总经理关正生说，九江双蒸多年来一直坚持古法酒酿造技艺，是其保持长盛不衰的重要原因之一。

所谓“双蒸”，就是将洒满酒的酵饭二次蒸馏。相传在当初还是夫妻店的友隆兴酒庄，妻子在搬动刚刚蒸好酒的酒埕时不慎滑倒，意外把整埕酒洒进一桶还没有蒸的酵饭里。无奈之下，夫妻俩只好把这桶酵饭继续拿去蒸馏。就这样，一不小心用两倍材料，两次蒸馏，蒸出一个粤酒神话。

双蒸酿酒法不但大幅提高了九江酒的度数，而且两次蒸馏把两倍香味物质浓缩在一起，使其酒质远远高出其他米酒。此外，九江酒厂技术副总何松贵说，在酒曲中放黄豆，也使得九江双蒸酒豉香独特。

九江双蒸的最核心特色，则是肥猪肉泡酒。“肥肉中有微小的毛细血管，可以吸附过滤酒中的杂质，而且肥猪肉富含铁离子，是一种陈酿剂，能让酒中的有机成分更浓缩，让酒味道更香更醇。”何松贵介绍，2009年，九江双蒸酒酿造技艺顺利入选“广东省非物质文化遗产名录”，目前该酿造技艺正在申请“国家级非遗名录。”

现在，国内外有一些酒种也在借鉴这种技术，但九江酒厂的制曲师傅得意地说，目前只有九江酒厂掌握全套制造酒曲技艺。

解码三

运用现代科技改良配方　传播岭南文化提升品牌

“我们一直保持着传统独特的酿酒技艺。”关正生介绍说，但随着时代变迁，酒厂也不断尝试创新。比如做酒曲工艺，传统制曲方式是用脚踩，现在则改用机械

》酿造过程中卫生品控严密

》九江双蒸酒厂总经理关正生

代替手工。“现代机械控制度较好，做酒做曲最关键的是控温控湿度，可控度提高后，做出来的酒质量比原来更上了一层楼。”

目前，九江酒厂还正与相关科研机构合作，对其独特的酒曲进行科学分析。关正生说，研究的主要目的，是想搞清楚酒曲里哪些物质有安全风险，哪些有利人体健康和保持传统风味。“把不安全的物质剔除，再增加有益的物质，慢慢探索改良配方。”

在产品改良的同时，挖掘和推动九江酒文化则成为当下关正生最重要的工作。他认为，相比国内其他一线品牌酒，广东酒在文化影响力方面较弱。

“其实九江双蒸酒质量、文化底蕴相比茅台并不差，但为什么他们能卖到几百上千元，而我们只卖十几块呢？”关正生说，近年来，九江酒厂正在不遗余力地通过推广九江酒文化增加它的附加值。

2011年，TVB热播的《九江十二坊》取材于九江双蒸酒，而且不少酿酒场景也在九江酒厂取景。该剧播出后，唤起许多港澳地区的同胞和海外华人的乡愁，也唤醒人们对九江双蒸酒的回忆。

与TVB合作，其实仅是九江酒厂传播岭南文化的尝试之一。为了使更多人认识九江双蒸、了解岭南酒文化，九江酒厂在厂区建设了九江博物馆。这个全国第一家米酒文化博物馆于2009年9月建成并正式对外开放，成为人们了解九江酒文化的一个窗口，至今累计接待游客超30万人次，仅去年就接待超13万人次。

2012年，在九江酒厂的推动下，“南国酒镇——酒文化博览中心”规划出炉。根据规划，该酒镇将糅合米酒文化与岭南饮食、窖藏、岭南建筑等元素，打造成我省首个白酒文化4A级景区，预计总投资3亿元。

“粤酒想要崛起，需要靠岭南文化来提升其附加值。”关正生说，南国酒镇将还原传统酿酒生产线、清代酒铺、街道，形成集生产、文化、美食为一体的旅游区，并与三湖书院、南海博物馆、岭南文化研究院等共同构成南海文化的品牌旅游路线。

借力岭南文化营销　传统老字号谋新生

古法酿酒、九江十二坊、九江博物馆、南国酒镇……九江双蒸在不遗余力推出一系列复兴传统岭南文化的营销活动中，找到了一条让传统产业重新焕发活力的发展之路。

据悉，目前九江双蒸酒的酿造技艺入选“广东省非物质文化遗产名录”，并已备选“国家非遗”，取得“中华老字号”称号，原产地标记也在报批中，九江酒厂发起的“岭南文化复兴”行动，正在如火如荼地进行着。

而在坚持古法酿酒传统工艺过程中，九江双蒸也将岭南文化“精益求精”“务实”“诚信”等精粹也一并传承下来，并结合时代特点创新，赋予传统以新的生命。

正如关正生所说，粤酒想要崛起，需要靠岭南文化来提升其附加值。不管是九江博物馆还是南国酒镇，九江双蒸酒借文化旅游拓展品牌影响，将自己的岭南特色传播给天南海北的游客，可谓抓住了关键。这种独特的发展路径，对许多广东老字号企业来说，可谓极具借鉴意义。

» 九江双蒸酒厂历代的明星产品

掌柜言

打造广府文化新意境：品百年米酒，尝粤菜佳肴

“文化是一种支撑，通过文化支撑产业的发展才是根本，不过文化的传承也需要经营。”作为九江双蒸酒厂现任掌门人，关正生对未来九江双蒸酒的生活图景描绘为：品百年米酒，尝广府佳肴，赏西江美景，学酿酒文化……

2013年，粤酒企业的领头羊九江酒厂取得历史性的突破——原酒年产量超过5.4万吨，销售额突破5亿元。2013年纳税额达到2亿元，从2009—2013年连续5年实现双位数的增长率。

不过，从绝对数字上来看，相比省外的知名白酒品牌，“产量大价格低”的现象依然困扰着九江酒厂甚至是整个米酒行业。

关正生称，九江双蒸拥有深厚的岭南文化底蕴，要将它发掘出来，提升品牌附加值，从而提升粤酒品牌形象，实现广东传统酒业转型升级。而要打响九江双蒸的名头，关正生想到的办法是“文化牌”。

2009年9月九江酒厂筹建的全国第一家米酒文化博物馆建成并正式对外开放，至今已接待海内外游客超过30万，对于企业的品牌推广发挥了巨大作用。今年元旦期间，九江双蒸博物馆在广州大学城的“岭南印象园”分馆对外开，接下来分馆还会搬进佛山“岭南天地”，以及当地西樵山拟建立的与当地文化结合的观赏景区。

推广酒文化的另一个重要阵地是南国酒镇。它是广东省500个产业重点项目之一，同时也将是广东首个白酒文化产业基地。九江酒厂专门聘请了中山大学、华南理工大学等多个专业设计团队，糅合数百年历史的九江白酒酿造技艺、历史、文化，对酒镇进行定位设计。

“今后我们将浓缩的博物馆分馆会设置到人流聚集地，这些分馆一方面可以少部分的买酒，更重要的是利用平台起到宣传品牌作用。”关正生介绍说，“根据《佛山白酒产业（2010—2015）发展规划》，3年实现10亿元，5年实现15亿元，10年实现30亿元销售规模的战略目标将可预期，并为粤酒品牌崛起做垂范表率。”

曾用大坛分饮故乡水　今有茶楼寄存家乡酒

九江双蒸酒在海外游子中有另一个名字，叫“故乡酒”。民间更是流传“有华人的地方就有九江双蒸酒”，在海外，九江双蒸酒被喻为“故乡水”“家乡酒”。

“以前九江人喝茶都喜欢喝上一二两九江双蒸酒。”严毅江是地道的九江人，据他介绍，以前人们喝得较多的是用大坛子装的九江酒，茶楼的伙计就用一些用过的酒瓶自制成装九江双蒸的小酒瓶，并在每一个小瓶子上写上记号“1”“2”“3”……等代表一两、二两、三两，顾客需要多少白酒，就按照小瓶子的标识量来卖酒。“这种民间测量酒量的方法在也融入到九江双蒸酒文化当中。”

严毅江回忆，随着人们生活水平的提高和购买力的提升，20世纪90年代后人们的喝酒习惯从喝坛子里的酒转变成了喝大瓶子装的九江双蒸酒，当时人们把这种大瓶子装的九江双蒸叫做“大九”。

这时候人们在茶楼中卖酒是一瓶为计量的了，但是一大瓶酒又不可能一下子喝完，于是每次吃饭之后剩下的白酒，茶楼伙计就会在酒瓶上写上顾客的名字，把酒寄存在茶楼中供茶客下次光临时饮用。由此，当时茶楼有专设有柜子为顾客存酒。

》老员工回忆酒厂往事

上河图

九江十二坊

2011年TVB上演的《九江十二坊》以九江镇12个酒坊的繁荣为背景，讲述了三人因酒而争斗结怨，最后笑泯恩仇，同心协力经营酒坊的故事。而这一出大戏里的很多酒坊、酒厂等场景，均取自九江酒厂。

今天漫步在九江酒厂博物馆里，上述故事历历在目，犹如身临其境。进入这栋四层楼高的岭南古建筑里，就犹如进入时光隧道，回到清末民初的酒乡九江镇：酒铺、戏台、米坊、酒坊、码头、餐馆等逼真再现，酒坊窗边飘扬着黄色的旌旗，惟妙惟肖的蜡人酒坊老板、香港影星陈锦鸿笑容满面地站在柜台前，招呼来客……

九江双蒸酒在采用古法酿酒时，对其所使用的缸十分讲究，在九江博物馆，记者看到一个该酒厂历史最为悠久的陈酒陶缸，年龄超过一百多年。据工作人员介绍，九江双蒸酒以精选猪肉与斋酒陈存于陶缸内陈化老熟，越是年月久远的陶缸越能提高酒体的品质。由于陶缸具有优良的透气性，因此使得酒与空气不断进行缓慢的反应，酒体逐渐变得圆润丰满。

■ 威水史

清道光初年

九江双蒸酒的酿造技艺诞生，其酒因需要两次发酵、重蒸而得，故称“双蒸”。

1952年

以开办于1827年的永德兴酒铺为代表，九江镇12间酿酒作坊联合成立“九江酒业联营社”，九江双蒸酒传统酿造技艺得到发展。

1956年

以成立“公私合营九江酒厂”为标志，九江酒厂成为双蒸传统酿造技艺在南海地区的唯一传承。

1997年

九江酒厂成为国内首个通过ISO9000体系认证的白酒企业。

2009年3月

九江双蒸酒酿造技艺入选第二批佛山市“非遗”保护名录，7月20日入选第三批省级“非遗”公示名单。

2009年11月

佛山经贸局在九江酒厂召开“第二届佛山米酒产品战略论坛”，吹响粤酒进军高端市场的号角，九江酒厂的粤宴酒同日上市。

2010年

九江酒厂有限公司2010年的品牌价值为13.83亿元，在中国白酒类别中排在第66位；在广东省白酒企业中名列第一。获“中华老字号”称号。

2011年

荣获“中国驰名商标”。

文/欧志葵　甘韵矾　图/吴伟洪

宝生园：稳中求变闯出新天地

蜂蜜，作为一种天然存在的高能量食品，一直伴随着人类文明的进程。在中国，蜂蜜更是一直作为“药食同源”的养生食品而存在。早在汉代问世的药典《神农本草经》中，就将蜂蜜列为上品。《本草纲目》更列出了蜂蜜多种功能：“益气补中、止痛解毒，除众病，和百药，久服强志轻身，不老延年。”

在广东，取“宝贵生命之园”之意的宝生园是最出名的蜂蜜品牌，创办至今已近百年。从一家养蜂场和一所老铺子起家，宝生园如今已经发展成为在全国拥有近千家连锁专卖店、年售蜂蜜400万瓶的中国十大蜂蜜品牌之一。最近几年，宝生园更是开始打造电商渠道，成为广州第一批“触电”的老字号品牌。

春秋交替，世事变迁，漫长的岁月之中，宝生园和许多中华老字号一样，曾经历好评如潮、蜚声内外的辉煌，也遭遇过品牌雪藏、老店拆迁等低谷。在这家百年老店的重现活力、成功转型背后，又有着怎样的文化密码？

解码一

以客为友　童叟无欺

宝生园的创始人梁少川，原是广东南海县平洲的一名教师。他一度潜心研究中医，坚信“蜜中有药治百病”。1924年，梁少川创办了广东现代养蜂史上第一家养蜂场，并取名“宝生园”，主营自养的纯正蜂蜜。

梁少川非常认同中医理论中的“药食同源”，并致力将这种养生理论传授予广大群众。对于一些贫困的百姓，宝生园常常赠予蜂蜜和吃食救助，其善举曾获得了当时政府的嘉许褒扬。当时担任广州市第一任市长的孙中山长子孙科，就亲自题字

“宝生园养蜂场”以赠。

》孙科题词“宝生园养蜂场”

20世纪30年代，宝生园第一家蜂蜜店落户永汉路240号，即今天大名鼎鼎的北京路。而让宝生园声名鹊起的，则要数创始人梁少川的“蜂胡子”。

1935年11月，宝生园在大南路举办养蜂展览会，向百姓们展出众多养蜂工具、养蜂参考书和相关资料知识。期间，梁少川当着台下密密麻麻的人群，拿起一只蜂王放在自己的胡子上。接着，蜂拥聚集，嗡嗡不绝于耳，不一会儿整条胡子已经被蜜蜂爬满了。台下担心又惊奇的人群不禁哗然，惊叹这难得一见的奇景。

》梁少川的“蜂胡子”曾轰动羊城

展会短短十天，参观者却高达万余，梁少川的“蜂胡子”更是轰动全城，成为当年广州的一宗大新闻。借此，梁少川不仅推广了与蜂为友、蜂蜜养生的理念，还使得宝生园愈发为人熟知。

创业伊始，梁少川就强调以最纯正的蜂蜜为百姓造福，对于生产严格保证质量，销售坚持诚信，童叟无欺。而生意壮大后，宝生园也从不怠慢任何一位顾客。替人着想、以客为友的精神一直是宝生园人骄傲的传统。

2000年前后，宝生园担心顾客因老店搬迁易址买不到蜂蜜，还特别在北京路附近租下了一个九平方米的摊位，进行临时售卖与撤店公告。在宝生园工作了30多年的豪哥听到这消息，和几位员工主动请缨，在临时摊位上一遍遍地将新店搬迁的消息告知顾客，不管风吹日晒雨淋，一直坚持了半年。豪哥说，“顾客都是老朋友，吃了几十年的蜂蜜就像三餐一样，总不能让这些老朋友突然没‘饭’吃吧？”

口口相传之下，奠定了宝生园延续至今的良好商誉，被称为“吃出来的名牌”。甚至曾有来自日本的80多岁老客人不顾8级台风，坚持到宝生园购买蜂蜜的传奇故事，足见其品牌忠诚度之高。

解码二

重出江湖　坚持品牌

1956年，宝生园经公私合营，终止了私人家族模式，变成国有企业拨归广州土产公司管理。宝生园总经理许晓宇表示，从私有到公有的转变，在企业税收、员工、质量等方面的管理操作更加规范，一定程度上保护了企业的发展。

不过，计划经济时代以行业或产品划分单位的做法，却使得宝生园的品牌遭遇“雪藏”。那时，卖茶叶的就叫茶叶公司，卖食油粮食的就叫粮油公司，“广州市蜂蜜商店”渐渐模糊了“宝生园”在人们心中的印象。

直到20世纪80年代，市场经济逐步恢复，“宝生园”的名字才得以回归。这个当年耳熟能详的品牌再现江湖时，很多人对它过去那段闻名中外的历史已经很陌生了。“重出江湖”的宝生园花了1万多元进行广告宣传——请书法家在白纸上写下“宝生园”几个字，印刷成传单贴在广州城，或是派发到市民手中。

》20世纪宝生园产品热销盛况

“当时很多人没什么品牌意识，几乎没有公司这样做。”拥有30多年工龄的宝生园企业发展顾问麦田光回忆说，“1万元在那时可以算得上是巨款了，大家都觉得在浪费钱，但宝生园在保证品质的同时坚持要做营销，要把品牌在回归初期就宣传出去。”

超前的营销意识，为“宝生园”

品牌带来了市场的热捧。据麦田光介绍，当时宝生园还曾经专门请专家到店铺现场给市民服务，讲解养生知识。最辉煌时，宝生园在北京路的店铺一上午两个小时就能做到十几万元的营业额。

老员工珍姐已在宝生园工作了24年，她回忆着当时的盛况："北京路总汇店的生意特别红火，忙得我每天连吃饭都顾不上。特别是在夏天，当时我们有一个产品蜂蜜豆奶是用玻璃瓶装着的，买它的人可多了，我们天天上班光是开瓶盖都开不停！"

随着改革开放，人们生活质量提高，对于蜂产品需求更加丰富，蜂王浆和蜂胶等有关产品也渐渐出现在宝生园的货架上。其中，宝生园蜂王浆是全国首批获得保健品批文的名优产品，尤其受到追捧。

在20世纪八九十年代，蜂王浆要300多元一公斤，因为昂贵，顾客们都以克为单位购买。即便是小小一点，也有人不怕路远，专程前往，排队购买。麦田光的父母当时已年逾八十，并不知晓他在宝生园工作，"有一次我偶然发现，他们大老远坐车专程来买蜂王浆，才发现我们的产品原来知名度这么高。"

解码二

转型连锁　化危为机

随着经济发展与城市变迁，位于北京路240号的宝生园老铺面临搬迁。2000年，宝生园老店在走过80多年，见证了几代人的成长和广州的发展变迁之后终于结束营业。由于近九成的营业额都靠它撑起，这一变化给宝生园的经营带来了巨大冲击。

面对这一窘境，公司上至领导下及员工都万分着急，忧心忡忡。但现在看来，宝生园由于受搬迁所迫，不得不做出历史性的调整转型，反而奋力走出了新的发展之路。

"其实拆迁有弊也有利，不然我们现在可能还守着老店做小生意过小日子。"老麦说，由于老店生意一直不错，宝生园并没有太在意突破和探索新的市场，拆迁一事使其受到警醒启发。

危机成为了宝生园扩大规模和增加影响力的契机。经过一番摸索，宝生园正式结束老字号讲究"独此一家，别无分店"的传统经营模式，转型升级踏上了连锁经营的道路。

同时，为了使连锁经营后产量和质量有所保证，宝生园投入了8000多万元，在从化打造国内蜂产品生产示范基地。基地配备了现代化的GMP标准（良好作业规范）洁净生产车间和先进的生产设备，确保了产品质量优质安全。

不仅如此，在全国范围内，宝生园还与10个大型蜂产品生产基地建立了良好的合作关系，“基地的蜂蜜只能卖给宝生园，由我们进行技术监督和指导收购以保证质量。”老麦介绍，目前宝生园是中国蜂产品医疗与保健专委会会长单位，还承担并参与了蜂胶、蜂蜡国家标准的制订与修改工作。

此外，自规模化量产后，在保证一脉相承的诚信优质基础上，宝生园还尽量提供实惠的价格。以蜂胶为例，20多年前大约是300元/公斤，当时很多老百姓难以消费得起；而如今生活提质物价上涨，但蜂胶价格的涨幅相对并不算大，每公斤在500元左右，尽可能让更多的消费者能够享用其保健益处。

而随着越来越多的连锁实体店开张，虽然排长队买蜂蜜的“盛况”不在，却让消费者能够更方便地购买产品。一位前来买蜂蜜的老人表示，“以前交通不方便，每次从我住的地方到北京路老店坐车都要个把小时。现在他们分店开得多了，从我

» 宝生园位于从化的新厂

家走不到十分钟就有，买起来很方便。”

近两年开拓的电子商务渠道，则进一步拓宽了宝生园产品的销路。“线上销售是很好的方式，也应该是未来的必然趋势。目前我们在天猫有官方旗舰店，下一步计划在全网铺开。”老麦笑道。

论道

老字号不应“小富即安”

》宝生园养蜂场老店风貌

回望中国历史千百年，自有交易经商以来，那些历经沧桑、书写历史、风华不减的老店们，或视质量为生命，或待顾客如亲人，或因口碑传千里，或把精神留百年，都有常青的法宝。至今为人称道的“老字号”，大概是中国人最早的品牌概念罢。

人们珍视百年老店，是因为其对诚信等精髓的传承和坚持，是因为其为消费者带来亘古不变高质量产品和服务。宝生园自创立始就坚持童叟无欺，诚信待客，至今也还常组织公益活动回馈社会。但在新环境下，“老”更多地应该是一种精神内涵和文化象征，而这些老店的品牌表现和经营方式不应该是老的。

广东省老字号协会秘书长范依萍表示，在当下市场，老店如保守坚持“只此一家”，规模受到限制，肯定难以发展壮大，因此老字号们要用现代的管理营销方式来做，抖擞精神、活动筋骨，抓住时代变化的新要求。

在这方面，宝生园也进行了很好的探索，打破小富即安的思维，为企业和品牌的发展诠释了“新含义”。从小蜂园到大工厂；从专卖蜂产品，到适应需求增长拓展产品线；从坚守一家主店到探索连锁经营。发展过程中，作为一家老店，对于市场变化的嗅觉灵敏并积极“变身”，是宝生园的过人之处。

同时，范依萍强调，在变化当中，必须要有不变的文化延续和品质保证。“连锁模式应该鼓励，但必须要有一家总店保留传统，同时其他分店的出品质量要保证跟总店一样好。外貌可以改变，形式可以不同，但优良传统的保留，才能让老店的生命延续。”

她建议，对于连锁经营，直营的方式比加盟更好。“直营是自己管理，能更好控制保证质量。加盟看似省事，但管理不好容易砸老店牌子，应该谨慎对待自己的招牌。”

掌柜言

宝生园总经理许晓宇：诚信保证生存　创新实现发展

作为宝生园如今的掌门人，总经理许晓宇表示，品牌发展到今天，其实最重要的是经营理念，“对于我们来讲，就是坚持诚信”。许晓宇说，这是宝生园一脉相承的精神，也是一直以来活动的出发点。很多企业可能在短期内取得飞跃的发展，要想基业常青，企业必须要坚持诚信理念。

“诚信理念有三个方面。”许晓宇说，产品质量是企业的生命，诚信首先是诚心对待消费者；第二，是诚信对待员工，这也是宝生园走到今天的关键；第三，是对社会的诚信，体现在足额纳税和社会公益等方面。“2004年，从化蜂农产品销售困难，我们主动联系市委市政府帮助解决了问题，成功企业回报社会，我们的成长也依赖社会。”

但许晓宇也表示，诚信只是解决生存的问题，是基础和保证。企业要想取得长足发展，还需通过创新才能实现。“创新必须要克服旧有的困难，主要体现在两方面。”许晓宇说，一方面是体制上的创新。宝生园下一步希望通过股份制改革进行资本化运作，在会计、税收制度等方面以更严格的规范推动企业发展，并且在今后让公众能够查询和监督，公司运作更加透明。

在经营上的创新，则是在现有产品线的基础上，更多地开发大健康养生领域的产品。“当今健康产业发展迅速，市场需求巨大，要立足健康养生使得产品更加丰富。”许晓宇说道。

他表示，在体制和经营模式上做出创新，意识上对固定思维有所突破，产品上有所淘汰，渠道上进行丰富，有很多困难需要克服，也有一定风险。“但所谓小发展小问题，大发展大问题，最大的考验是经营思想和观念要放开，特别是管理层要有勇气去打破旧有的东西。”

“当然，蜂蜜仍是我们不变的核心产品，同时无论对于什么产品，质量和诚信上我们也要保持专一，不然容易丢掉企业的立根之本。”许晓宇说，作为一个近百年的老品牌，每一步都需要走得稳健，宝生园不会盲目追求扩张，而是希望通过一步步不断发展壮大，“先从一个本地品牌发展到华南区域品牌，未来成长为全国乃至全球的品牌”。

上河图

新店已成“老字号一条街”亮色

如今，“广州老字号一条街”真是北京路的一道标致的风景。这里的店铺，少说几十年，长至几百年，都是羊城历史上响当当的名字，而宝生园的新店则是这里的一抹亮色。

清早，旁边垂直的大路上车水马龙，嘈杂喧嚣；它却娴雅地坐落在一旁，耐心地等待着升起卷帘，开门营业。走进店铺，不同于以前老店古朴厚重的深褐色，以青绿作为现在的基调，显得朝气又活泼，与“健康家园”的广告语相得益彰。

明亮的灯光照着一个个分类清晰的货品陈列架，开放式的设计让人能够随意拿到自己感兴趣的产品。沿着陈列架一步步走进，十余种蜂蜜、蜂胶、蜂王浆、花粉等产品依次排开，你若是想了解其中不同或者是否适用，总有笑盈盈的员工上前耐心解答。

晚上，华灯初上，夜色温柔。城市和街道显得多彩跳脱了起来，步行街上的行人熙熙攘攘，逛街的人们常常走进来，有带着孩子的母亲，也有相伴而行的老人；有初次光临的年轻人，也有无数次“回头”的老主顾。永汉路的老店虽然已封存在相片中，“宝贵生命之园”的新篇却仍在续写着。

街坊议

“用了这么多年的老字号，我信它”

“用了十多年，刚开始听街坊相互传着说产品好，老牌子靠得住，吃开了就没再换过。”老顾客黄阿姨对宝生园的北京路老店有着深刻的印象，“那时候来买蜜糖（蜂蜜）不能随便拿，都是要磅秤的，老店窄窄长长，古色古香，没有现在这么光亮，几个老店员很热情，人也很多，旺得很，每次都要排队。”

今年65岁的曾阿姨从20世纪80年代开始就一直买宝生园的蜂蜜，坚持用了20多年，说起各种蜂蜜的作用如专家一般。她表示多年来宝生园各种蜂蜜和蜂胶给她和家人的健康带来了益处。“蜂蜜口感不但好，对肠胃也有帮助，我老伴吃了将近10年，胃痛都犯得少了；蜂胶则对增加抵抗力和降血压有帮助，而且价钱涨得不多，我们都能消费得起。现在我的孩子也在吃，感觉对鼻炎也有帮助。”

曾阿姨表示，优质的产品和服务是她选择宝生园的原因。“其他公司的产品我们不是很相信，听说有一些还拿糖充兑来当蜂蜜卖。宝生园历史比较悠久，我们比较有信任感，这么多年的老字号了，我相信它也不会怎么样。服务态度也都很好，经常询问产品效果如何，有没有其他的需要。”

曾阿姨说，自己曾经参加过宝生园组织去生产基地参观的活动，这使她和家人对这个品牌更加放心。“很干净，制作流程我们都看得到啊。”

■ 威水史

1924年

广东南海县平洲教师梁少川创立宝生园养蜂场。

1935年

养蜂展览会中“蜂胡子”让宝生园一举成名。

1956年

宝生园经公私合营国有化，拨归广州土产公司管理，以蜂蜜为主要产品的专卖店。

1989年

恢复原老字号，更名为“宝生园蜂产品总汇”，是当时我国营业面积最大、年营业额最高的蜂产品专营商店。

2000年

北京路商业改造，老店拆迁。

2002年

逐步完成转型，由主营店变成连锁店，目前在广州和全国已分别有80多个和800多家专卖店。

2008年

斥资8000多万元在从化建造岭南地区规模最大的现代化蜂产品加工厂，作为宝生园升级换代标志性事件。

2011年

宝生园开始打造电商渠道，成为广州老字号品牌中第一批“触电”的老字号品牌。

2013年

宝生园正式启动企业股份制改革项目。

文/肖文舸　图/吴伟洪

利工民：
百年织成贴心衣，一针一线皆有情

“衣食住行穿为先，穿衣不可缺秋蝉。”在许多老广的记忆中，利工民的汗衫背心与其旗下鹿牌、秋蝉、珊瑚等内衣品牌，浓缩了无限温情：老西关弄堂里，阿伯阿叔们拿着蒲扇，穿着利工民的白色短袖汗衫，聚在一起倾计，不知度过了多少个夏天。

已经有91年历史的广州利工民针织厂，前身是民国时期民间资本家兴办的民族实业，因为其面向工农的亲民定位与精益求精的质量，生产出特别适合在岭南地区穿着的全棉汗衫，即使在炎炎夏日也不沾身，在港澳、东南亚、欧美一度风靡。特定年代，穿上用心织造的利工民内衣去海外打拼，寄托了几代游子对祖国最温情的一抹记忆。

时过境迁，在产业升级、技术更新等一波波浪潮的冲击下，利工民一度淡出人们视野。但改革开放后它又重新回归，在一次次冲击下生存下来，并开启了这一百年老字号的涅槃重生之路。近日，南方日报记者走访了这家在广东唯一获得“中华老字号”称号的纺织企业，解密利工民百年不衰的密码。

解码一

贴合人性：用心编织贴身衣物

利工民的创始人冯寿如是广东顺德县龙山人，在广州创办利工民之前他曾是一间洋杂铺的东主。1923年，他抽出洋杂铺的一部分资金（银毫3000元），买了6台手摇织袜机，在广州市龙津路锦云里开厂。冯寿如自始至终认为：质量是产品的生命。为此他亲自抓产品质量，宁愿减少产量也要做到“讲求质量，实价不二”。很快，利工民的衣服在广州街坊中间有口皆碑。

利工民设计的开胸式文化衫、功夫衫一度成为时尚，出现在李小龙和周星驰的经典功夫电影里，堪称那个时代老广最爱的品牌。设计简洁但饱含人性：它不设计翻领，而是在胸口的地方有个贴，如果天气炎热可以打开这个贴，利工民的商标就会露出来，那一度是“老广”可资炫耀的品牌。

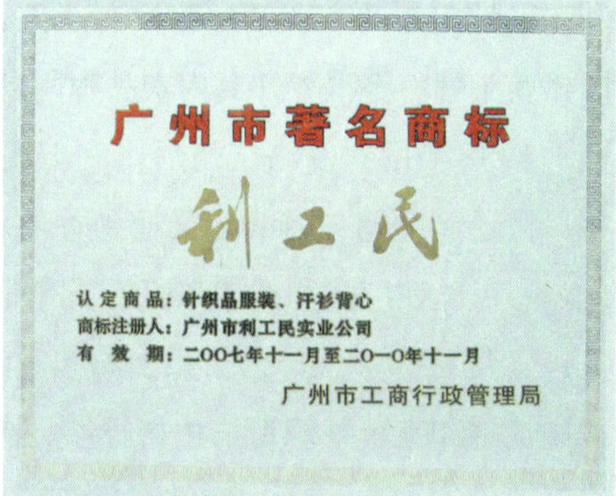

》广州市著名商标利工民

利工民的汗衫为何如此畅销？利工民常务副总经理吴伟麟介绍说，利工民从创办伊始，就立足于利于工农、利于民众。

“岭南地区大约3/4的时间天气炎热、潮湿，人们出汗很多。如果使用丝光棉和梭布这样的衣料，虽然也能吸汗，但容易沾身，穿起来不舒服。利工民的衣服则是在吸汗的同时，会把汗水迅速地挥发出去，不会沾在身上”。

老辈广州人这样回忆利工民汗衫的好：爽、细腻、柔软。吴伟麟介绍说，百年间利工民的匠人们一直在“细”和“严”上下功夫，其最著名的鹿牌汗衫，用100支双股高纱支的棉纱织成，细腻爽滑。直到今天，利工民还采用传统的缩布工艺，把衣服的密度缩得密密的，再加上煮炼、酸洗、碱洗、水洗等一条线流程，30多个工序才能够出布。为减少毛头的刺扎感，利工民坚持用传统的物理方法去掉棉纱绒毛而非用化学工艺烧毛，这使得其更加环保和爽滑。

细微处见真情。近百年的时光流转，昔日的老裁缝变成了今日的服装设计师，一代代织衣人的智慧留下了一件件贴合人性的衣物杰作。如今即便是最普通的汗衫，利工民也有与众不同之处：首先是肩部，没有缝边，一块布剪裁；在衣角收边的地方，利工民至今仍用两条缝纫线，而不是三条或四条，以此减少粗糙感。

解码二

不断革新：借广交会风靡海外

利工民从创立伊始就包含着亲民、实惠的特质。吴伟麟回忆说，最初利工民的创始人冯寿如从英国进口棉纱。英国棉纱的特点就是纯白，几乎没有杂质。所以，利工民做出来的衣服洁白而没有杂色。20世纪二三十年代，利工民一度是可以和法国“鹿头牌”等世界知名内衣品牌同台PK的“广货”。

1938年日本侵略广州后，利工民厂在同兴街的总营业部遭到焚毁，随后冯氏将厂搬迁到顺德，1940年又迁到香港。1945年日本投降后，利工民才迁回广州。因此，利工民在广州和香港都留下了产业。

20世纪60年代，为了跟上海和香港的高档汗衫竞争，利工民研发出珊瑚牌汗衫背心，用50支单纱织造，中档棉纱、高档处理，织出具有100支高档纱手感和外观的衣服，价钱便宜一半，不仅深受老广喜爱，在港澳市场也一度风靡。1962年，珊瑚牌汗衫背心在广交会上亮相，一下子把海外客商吸引住了。

广州利工民针织有限公司办公室主任张少萍1976年进入利工民工作，从基层织布女工开始，至今工作了近40个年头。在她的记忆里，利工民的办公室、专卖店经常会接到海外华侨打来的电话，“电话里那些老华侨说，利工民的汗衫，他们穿惯了，想要邮寄购买”。每年清明节前后，从世界各地回来祭祖的老华侨络绎不绝，他们中的许多人常常会到利工民的店里买上几件汗衫带回家。

百年变迁，从手工到半机械再到机械，编织、漂染、熨烫、缝纫等工艺不断更新。为了赢得海外市场，利工民立足特有的“广货”工艺优势，根据产品设计需求，引用新设备、新工艺来改造原来的老设备、老工艺。

游子身上衣，几代匠心磨。1977年底，珊瑚牌为适应国外消费者需求，男装汗衫的袖子和衫身适当增长，使造型更为美观适体，男装背心挖深肩弯度，以增加穿着者肌肉健美的感觉。这样一番改造，珊瑚牌不仅畅销港澳市场，年销售额超过100万美元，还远销到东南亚、日本、美国等地，雄视国内外市场。

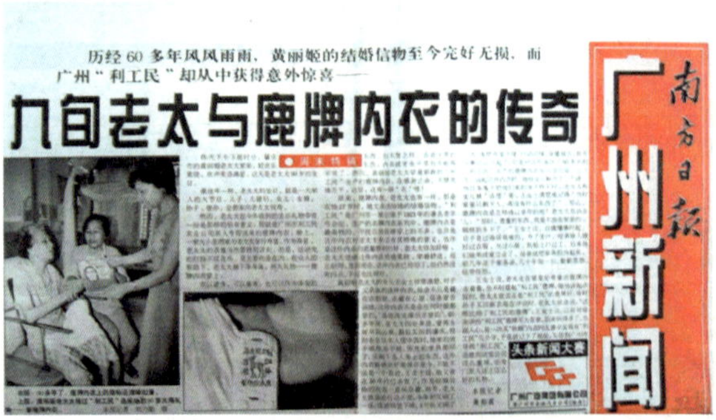
历经60多年风风雨雨，黄丽姬的结婚信物至今完好无损，而广州“利工民”却从中获得意外惊喜——
九旬老太与鹿牌内衣的传奇
南方日报
广州新闻

》鹿牌故事报道

》广州市著名商标鹿牌

涅槃重生：百年老店谋转型

利工民有着辉煌的咸水史：秋蝉牌汗衫背心荣获全国针织行业第一个国家银质奖，三个主要品牌秋蝉牌、珊瑚牌、鹿牌的汗衫背心多次获国家银质奖和部优产品称号。

然而到20世纪90年代，利工民却一度陷入困境。从以前计划经济时代的统购统销到直面市场竞争，利工民因体制落后、冗员较多，加上进入服装业的门槛较低，它的竞争力被逐渐削弱，一度从针织生产龙头企业几乎变成特困企业。

一直到2003年，利工民在逆境中迎来蜕变，开始探索企业转型升级、不断创新的路子。2007年广州市加快“退二进三”的步伐，利工民遇到环保的冲击，漂染生产线面临停产。为了传承和发展传统民族工业品牌，保留具有独特工艺技术的漂染生产线，利工民经多番努力，将漂染生产线成功转移到广西，既达到“退二进三”和节能降耗的环保要求，又推动了利工民从生产经营型向品牌经营型转型的进程。

如今的利工民还组建了产品设计研发中心。“利工民是个老品牌，在老辈人心中有分量，但它未来的生存必须争取年轻人的市场。”吴伟麟说。为此，利工民联合广东工业大学的师生团队，一同参与这个百年老品牌的形象提升工程。“广工的学生为利工民做了一系列品牌形象、服装设计、人力资源项目方案等课题。现在新的品牌Logo也是他们的创意，在原本一只鹿的标志上加上云彩，也可以看成是棉花，象征利工民的再次腾飞。”

2010年，利工民终于迎来了涅槃的曙光。在广东纺织行业中，利工民获得了唯一一个由国家商务部颁发的“中华老字号”称号，品牌口号也从“利工民、利健康、利人民”转变为“贴心依旧，真情呵护”。更为人性化的表白和设计开始赢得新的市场，利工民获得了包括“广东十大手信”“广州品牌60强”“省港澳优质产品名牌称号”等荣誉。

如今，利工民的产品可谓万紫千红：品种上，从汗衫、背心、内裤的“老三类”发展到内衣、家居服、运动衣和毛巾礼盒等系列，颜色也从“一片白”发展到“一片色”。用料上，从全棉织造到木代尔、竹代尔等天然材料，约有十几个系列、近千个货号品种。变亦不变，利工民坚持的“健康、人性”等设计理念一直延续至今。而它正作为“广货”针织行业的代表，谋求新三板上市，以资本运作寻求一次新的蜕变。

掌柜言

“三心”走天下

吴伟麟介绍说，利工民品牌百年不败的秘诀可以用“三心”概括：良心、信心和雄心。

利工民凝聚了近百年的人文历史，从建立开始就以有利于民众为宗旨。“20世纪二三十年代，为了发展民族工业，在洋货充斥的市场中站稳并求得发展，利工民采用与进口产品纱支、机型相同的生产手段，织造出广州的名牌货金鹿牌，为振兴民族工业做出了贡献。”吴伟麟回忆说，1932年，由于日本实行武力侵占，引起中华民众的愤然之心，中华国货维持会、商会等致函各地，积极提倡使用国货，利工民当时是广州市的著名国货工厂之一，理所应当成为国货代表。

近年来，利工民的发展又体现了信心和雄心。利工民不断勇于开拓，实施品牌发展战略。“党的十八大提出重建海上丝绸之路战略，利工民加大品牌文化宣传，提升企业形象，塑造品牌文化内涵，打造一个崭新的时尚品牌。利工民通过与广工VIS的合作，对包装、标色、宣传等进行策划研讨，对广告、企业形象更新改造，让外界知道，利工民不但有大众化、维持经典的一面，而且有时尚、推陈出新的一面。我们从Logo开始，过去的一头‘老公鹿’已变成一头‘飞跃的鹿’。”吴伟麟说，文化是品牌的灵魂，老企业品牌拥有了独特个性的文化，才会具有穿越时空的延续性，才能焕发青春，使老树开新花。

上河图

谋求上市升级发展

广州白云区增槎路的高架桥下，被挤压到老城区边缘的旧式厂房大楼排排林立，利工民就坐落于此，一栋6层楼高的厂房中浓缩了利工民的生产车间、储存库房、行政办公地点，入门处的牌匾“利工民”三个字透露着往昔的繁华——据说，这三个字是冯寿如邀请民国时有名的书法家林森先生所写。

90多年风云变幻，利工民先后辗转搬迁到广州纸行路、净慧路、光孝寺旁边的蛋花巷、荔湾路的周门等地。如今，昔日百年老店旧址已难寻觅，但利工民在罗冲围总部、惠福路、广卫路、龙津路、净慧街等直营店及百货公司的专柜仍以亲民的形象直接与老街坊见面，一件件小小内衣，浓缩了“老广”对那个艰苦年代的温情记忆。

近年来，利工民在市场大潮中经历一次次洗礼。通过实施减员增效，调整结构卸掉包袱，特别是2003年至2005年间，企业解决了1700多名退休工人的医疗保险和全部偿还了银行债务后，企业的负担大大减轻。通过扎实推进品牌战略的实施，认真把握内外销两个市场的开拓，调整产品结构，开发新品种，不断提高企业的市场竞争力，利工民现已建立了一定规模的营销网络，拥有直营、加盟、专柜、批发等销售网络100多个，产品远销海外，驰名港澳地区，市场网络遍布广东省各地，辐射湖南、湖北、广西、海南等地。

从前，由于历史原因，人老、思维老；这几年通过改革，老“利工民”也开始接受新的思维。目前，利工民正加快推进股改进程，积极争取成为新三板挂牌企业，助力企业的升级发展。

》中华老字号企业利工民在励红百货的牌匾（肖雄　摄）

街坊议

九旬老太珍藏利工民衣衫60余年

1998年的《南方日报》广州新闻版曾刊登了《九旬老太与鹿牌内衣的传奇》这样一条新闻。报道中，家住肇庆市的老太太黄丽姬与家人庆祝她90岁生日，特别展示了一件利工民鹿牌内衣，是1935年丈夫买给她的结婚信物。

黄丽姬只是购买利工民的万千人中的一个，但却缩影了利工民在老广州生活中举足轻重的位置。这件利工民内衣线衫伴随她度过了60多个春秋。虽然老太太的家曾被日机炸为平地，随后辗转到云南昆明，20世纪60年代才又回到肇庆，但这件线衫仍洁白无瑕，质地柔软，手感甚好，鹿牌商标十分清晰。一个甲子年，老太太对这件衣服一直珍而重之。眼看着老太太对这件线衫的钟爱，而且每每提起利工民都赞赏其产品质量，在她过世后，女儿经过深思熟虑，把母亲那件历经岁月、饱含意义、满载感情的线衫捐予利工民，目前保留在利工民的企业资料室内。这样的珍藏饱含深情，印记了民众对于利工民的信任和情感。

论道

坚守传统手艺不忘创新

2011年，时任国家主席胡锦涛视察广州TIT国际服装创意园，给予创意园高度评价与充分肯定的同时，指示一定把老品牌做好，要让老字号利工民商标焕发新机。在2013年的琶洲国际服装节上，广州市市长陈建华也嘱咐要把利工民品牌继续做好，他说自己是利工民的“粉丝”，身上穿的就是利工民内衣。

“利工民生产的汗衫背心与人们直接贴身，它追求健康、环保，用良心制作每一件衣服。”吴伟麟说，如今市面上大部分汗衫背心在工序上一般采用化学处理的方法，采用物理处理工序的很少，但利工民百年如一日一直坚守。

“传统出精品，正是这样一丝不苟的坚持成就了百年老字号。”吴伟麟说，这是支持利工民走到今天的砝码。广东省老字号协会秘书长范依萍认为，对于利工民这样有口皆碑的老品牌，一方面既要坚持传统工艺，做精做优；一方面又必须不断创新，争取年轻人的市场。

穿衣潮流不断变化。为适应市场，利工民大力发展电子商务平台，推出时尚款式的家居服，把消费群体从原来的五六十岁成功扩展到年轻群体。“我相信，作为广东目前唯一一家纺织类中华老字号，用创新的品牌运作，它一定能更时尚、更年轻，迎来第二个春天。”范依萍说。

》利工民工会国庆两周年照（1951年）

威水史

20世纪20年代末

利工民织造的120支纱金鹿牌，可与法国的鹿头牌相竞争。

1962—1963年

利工民厂连续两年被评为“广州市出口产品先进集体”。

1962年

在澳门举办的国产针棉品展览会上，利工民生产的38支金炉牌、50支石狮牌被评为优秀一等产品。

1979年

秋蝉牌汗衫背心成为全国针织行业第一个国家银质奖产品。

1982年

珊瑚牌汗衫背心获得国家银质奖产品，一家企业同时拥有两个国家银质奖产品。

1980年

利工民被命名为广东省“质量先进企业”，秋蝉牌获得“国家著名商标”称号。

1990年

获得“广东省省级先进企业”称号。

1992年

秋蝉牌汗衫荣获“商业部1992年信誉商品称号”。

1993年

秋蝉牌、鹿牌、珊瑚牌汗衫背心被国内贸易部评为“全国畅销国产商品”。

2002—2013年

连续被评为“守合同重信用企业”。

2005年

秋蝉牌针织服装获“广东省用户满意产品称号”。

2004年

秋蝉牌商标被认定为“广东省著名商标”。

2009年

利工民商标被认定为“广东省著名商标”。

2011年

获国家商务部授予“中华老字号”称号。

2012年

利工民文化衫获得“广东十大手信”称号。

2012年

获广州日报“广州品牌60强——广州人最中意‘广货’品牌”60强。

2012年8月

获得由中国商业联合会及中华老字号工作委员会颁发的“中华老字号传承创新先进单位”奖。

2013年

利工民参赛作品“悠悠岁月、款款情深”120支鹿牌礼盒包装在首届中华老字号时尚创意大赛获铜奖。

2014年

利工民获广州工业经济联合会、广州市企业联合会、广州市企业家协会联合颁发“最受消费者喜爱广州品牌100强”以及“最具成长性品牌企业”。

文/李培　鲁豇蔚　图/受访者提供

碧丽嘉·锦源：低调老字号扬名东南亚

这是一家格外低调的老字号。

在互联网上搜索“碧丽嘉•锦源”一词，与之相关的网页数量竟少得出奇，这与其他老字号的“高调”形成鲜明对比；在潮州老城，你向身边的人打听它，这同样是一个陌生的名字。更让人想不到的是，这个百年老字号的总部，居然藏身在一个旧厂房里，没有历史符号的装饰，也没有时尚华丽的外表，如果你没有特别留意，就会和它擦身而过。

然而，这些都掩盖不了这家老字号的深厚底蕴。当你遇上它的时候，你才会发现，尘埃无法抹去它历经的悠长时光，更无法阻挡它这140多年来的绽放与重生。

这究竟是一家什么样的百年老字号？它又是如何穿越这140多年的沧海桑田，甚至在海外开枝散叶，成为中华文化的代表？

解码一

布庄起步：善用潮绣　锦源记成金字招牌

每一家百年老店的兴起，都有一个极具时代与地域风情的创业故事，而每一个故事背后，又往往隐含着一段艰辛与坚持的历史。碧丽嘉•锦源的故事，同样如此。

公元1870年，在广东省海阳县秋溪都坑巷乡（现广东省潮安县铁铺镇坑巷村，海阳县于1914年更名潮安县），本地人陈美赵创办了一家布庄，专门经营布匹。至今已有140多年历史的碧丽嘉•锦源，就是从这样一家布庄起步。

陈美赵书名陈锦源，故布庄取名锦源，或锦源记。作为潮州人，陈美赵有着潮汕商人善经营的“基因”，锦源记布庄既卖布，又可为乡民量身定做，还制作各式成衣摆挂销售，生意很快红火起来。

对自己一手一脚创办的锦源记，陈美赵倾尽所有心思，建立了一套严密的管理制度，在货物的购入、保管、出仓，商店的安全保卫、员工的奖惩等方面做了详细规定，无论管理、营销、衣物制作等方面均胜人一筹，顾客纷至沓来，布庄生意兴隆。

》手工精美的潮州刺绣手帕

明清时期，粤东地区潮绣非常普及，不论是民间的衣服、巾帕、被褥、鞋袜，还是官场袍服、旗帜，抑或庙堂帐幔、披挂，随处可见潮州绣品芳容。锦源记虽以布庄创店，但却因长于在服饰制作上运用潮州刺绣技艺而为民众所称道。

潮绣图案严谨，色彩瑰丽。金线、银线、绒线结合形成绒绣、钉金绣、金绒混合绣、线绣等许多绣种；针法多，例如垫绣，用棉絮充垫后再引针穿线刺绣，图案凸现形成立体，更具强烈装饰效果，这在中国刺绣界独树一帜，广为中外工艺美术行家所赞叹。

精明的陈美赵认为，刺绣产业庞大，市场广阔，并且在东南亚一带广受欢迎，他砸下重本，倾尽心思，巧妙灵活地将潮州工艺美术运用到服饰上来，凭借剪缝纫工艺出众、选料精、做工细，一下子为“锦源记”赢得了金字招牌，更挣得了一份殷实家业。

解码二

扬名异域：曼谷开枝　衍生商标“碧丽嘉”

早在清乾隆年间，潮州绣品便已经输入新加坡、泰国、马来西亚一带，覆盖南洋市场；又远销欧洲，更辗转至美洲、非洲等地。特别是带有浓厚地方特色的厅堂、庙宇摆设绣件更是供不应求。

就在陈美赵刻苦经营，锦源记事业日益兴旺之时，正遇上清末乱世。其时海阳县自然灾害频繁、兵燹连连，布庄生意前景不容乐观。陈美赵思虑再三，认为要想将生意做强做大，还是迁徙南洋为好。

清光绪二十四年（公元1898年），陈美赵带着全家迁居暹罗（1949年改为泰国），在其首都曼谷继续从事布匹经营，商号依然是“锦源记”。

初到暹罗，陈美赵一如既往，秉承诚信为先、童叟无欺的经营信念。曼谷的锦源记，依旧坚持着精益求精的服饰制作准则，将潮绣工艺美术精髓运用到服饰制作中去。很快，“锦源记”商号在异国他乡再度声名鹊起，生意兴旺。

随着财富的增加，社会地位的提高，应曼谷广大潮属侨胞的强烈要求，陈美赵甚至曾参加曼谷市长一职的竞选。令人遗憾的是，最后由于华人地位稍逊一等，陈美赵竞选还是失败了。

竞选失利既给陈美赵带来精神挫折，也给布庄经营带来了负面冲击。郁郁寡欢的陈美赵带着家人包乘一艘红头船，离开了泰国。回到故乡海阳县秋溪都坑巷村之后，陈美赵继续使用“锦源记”商号经营布庄。

不过，虽然陈美赵一家已经回国，但锦源记布庄却在曼谷开枝散叶，更衍生使用一个新的商标——“碧丽嘉”。直到今天，曼谷唐人街仍开设着碧丽嘉·锦源的直营店。

解码三

凤凰涅槃：老字号换标　立志书写新传奇

从清末至1949年，是中华民族多灾多难的岁月，锦源记在坎坷路上艰难走来。陈美赵逝世后，儿子陈宏才、孙子陈锡海、玄孙陈继绵先后接手经营家族布庄生意。

1988年，铁铺镇人民政府编写的《铁铺镇志·乡镇企业（工副业）》载：1949年以前，铁铺没有什么工业企业，只有松下集市陈发利一家碾米厂（锦源记其家族经营），和兴利榨油厂，陈发利、陈仁和、陈和兴合办榨油厂，两家缝衣店……从镇志记载可以看出，陈家经营工商企业的长久历史及艰难和无奈。

20世纪50年代中期，国家对私有工商业实行社会主义改造。陈发利碾米厂由国家接管，变更为国家粮食加工厂；锦源布庄并入铁铺区供销合作社，第四代传人陈继绵随布庄并入而成为铁铺区供销合作社职工。陈家的女人们也在供销社布店、缝衣店做缝纫工。

1980年前后，国家拨乱反正，政府落实私有工商企业资产政策，被征收二十五六年的锦源记布庄房产归还陈家。锦源记第四代传人陈继绵于1989年重开锦源记布庄。

改革开放的春风吹来，锦源记很快便枯木逢春，凤凰涅槃。不久，布庄扩大成为制衣厂，继而扩展为服装公司。2000年起，陈家服装企业开始逐步转由锦源记第五代传人、陈继绵女儿陈泽瑶掌控经营。

然而，尽管布庄、制衣厂、服装公司都冠名“锦源”，但是陈家一直没有对“锦源”商标做注册登记。进入21世纪，陈家才发觉，商标注册登记在企业经营生产中有着不可估量的重要作用，故将注册“锦源”商标提到企业重要日程。

谁料，陈家人到工商管理机关一查询，方知“锦源”商标早已被其他服装企业注册使用。经过认真斟酌，陈家后人决定将企业名称改为“碧丽嘉”，全称为“潮州市湘桥区碧丽嘉潮绣工艺坊”，产品商标也改用“碧丽嘉”。

陈泽瑶说，选择“碧丽嘉”理由有二：一是清末陈美赵离开泰国时，留下的布庄一直在曼谷经营，布庄曾经长时间使用“碧丽嘉”商标，在曼谷有一定影响；二是陈家服装公司产品几乎全部出口，取用带洋味的商标比较容易为外商接受。目前，锦源记衍生使用了碧丽嘉、锦源、锦源记、碧丽嘉•锦源等。

掌柜言

越是老字号，越需再创新

从布庄起步，经历暹罗开店、重返潮汕、公私合营、多元经营……碧丽嘉•锦源经历了整整五代人。

陈泽瑶眼下是这家百年老店的掌门人，以女儿的身份接过家传的祖业，这在潮汕地区并不多见。创始人陈美赵是陈泽瑶的高祖父，到她这里已经是第五代。对家传祖业的传承，兴趣之外，更需要责任和坚持。“我从小就跟我的奶奶、婶婆一起做工，熟悉了，习惯了，也喜欢上了，这个行业你如果不是真正喜欢它，你就无法投入进去，也就坚持不下来。”陈泽瑶说。

这并不是一份轻松的坚持。在被确认为“中华老字号”之前，陈泽瑶率领她的员工们一直在“撑”：“纯手工的服饰产品，人力成本高，利润微薄，反之工人的酬劳也就上不去，传承实际上是一个很尴尬的问题。”陈泽瑶坦陈，直到眼下，工人的年纪越来越大，产能在一点一点地下降，这依然是她最大的担忧。

目前，碧丽嘉•锦源大部分产品自产自销，每个月产值维持在30万元左右，出口日本、香港、新加坡、马来西亚等东南亚国家和地区。陈泽瑶透露，随着市场越来越细化，个性化需求越来越突出，碧丽嘉•锦源正逐步调整到高端订制路线，“否则款式再多，需求再多，产能有限仍然解决不了市场需求”。

》碧丽嘉全手工刺绣的服饰

实际上，碧丽嘉•锦源在创新和传承方面，比起许多老字号来说，投入了更大的勇气和更坚强的决心。过去数年来，陈泽瑶一方面坚持把潮绣工艺融入制衣的传统技艺，一方面也重视新材料、新技术、新工艺的开发利用。

在她的努力下，碧丽嘉•锦源工艺坊目前已拥有自营店3间、加盟连锁店8间及展示大厅，在潮州市、广东省乃至全中国有着一定知名度。

“越是老字号，越需要创新，”在陈泽瑶看来，创新是“老字号”的核心竞争力。不管是家庭作坊式的生产模式和经营模式，还是产品本身都需要创新，“对于碧丽嘉•锦源来说，我们将通过‘老字号’这块金字招牌，多元化开发新产品，推广连锁经营模式”。

上河图

“工夫”就两个字：一针一线

潮州老城内，纵横交错、人流熙攘的街巷里，碧丽嘉•锦源——一家有着140多

》单面潮州刺绣“百花呈瑞”

年历史的百年老店藏身于此。门口一块简陋的牌匾，远不如这座老城内众多工艺作坊醒目或时尚。

如果不是事前有所了解，你肯定不会相信眼前所见的几间简陋的车间，几位上了年岁的女工匠，一针一线的手工织绣，居然是一个有着140多年历史的老字号“大本营”。

可是当一匝一匝的绣品或质感通透的衣件摆在面前的时候，作品上呈现的那一笔一针的工艺，既眼花缭乱，又引人遐思，这“一针一线”的工艺人，正是潮州人精细文化的孜孜追求。

在远隔500公里之外的广州北京路商业街上，碧丽嘉•锦源的400多平方米的形象展示店里，除了陈泽瑶和她的女工匠们的作品外，还展现着具有浓郁潮州特色的工艺元素如潮州木雕、潮绣、麦秆画等工艺作品。

藏身于街巷中的工艺坊内，女工匠们埋头织绣，一笔一针，宛如乐曲弹奏。让人仿佛时光穿梭，回到100多年前的潮州古城，那时潮州妇女多勤纺织，女子到了十一二岁，其母即为预制嫁衣。而工艺精湛、裁剪细致的“锦源记”总是她们心目中的“一代宗师”：工夫就两个字，一针一线。

街坊议

“锦源记”是独特的青春记忆

锦源记有几大法器：除了信誉、技艺，还有每个人对它的记忆和认同。

140多年前，锦源记创办时，陈美赵已显现出不同于常人的“商业基因”，在工艺上坚持纯手工制作，尤其把传承几百年的潮州手工刺绣技艺融入到服饰制作中。

而在经营上，锦源记“麻雀虽小，五脏俱全”——货物的购入、保管、出仓、商店的保卫、员工的奖惩等均有细致规定，对外营业则坚持诚信至上，童叟无欺，货真价实……正是这些细节，使顾客纷至沓来，布庄生意兴隆。

一位潮州老人说，潮州传统嫁衣多是各家各户自己缝制，因家家户户都会织缍刺绣，所以自制嫁衣几乎件件都有刺绣。四里八乡乡民婚嫁喜事，首先想到的是上锦源记采办衣物：拥有一件精致、如意的“锦源记”，是每一位潮州妇女独特的青春记忆。直到现在，铁铺镇、官塘镇一带老人们还会常津津乐道地谈起，当年作为

》潮州全手工刺绣的台布

压箱底嫁妆的精美绣衣出自“锦源”老字号的往事。

论道

好口碑是“百年老店”立命之本

2005年国家启动新一轮认定老字号工作，对于像锦源记这样的老字号而言，无疑是一次复兴的机遇。

但是，机遇越大，挑战就越大。能否抓住机遇重振锦源记，被确认为“老字号”，只是第一步，且还不是最关键的一步。这不仅是陈泽瑶面临的挑战，也是所有老字号传承人无法回避的现实。

140多年前，锦源记凭借诚信经营、精湛技艺就可以打出金字招牌，但在当下，这两者只是基本功，更关键还在于经营模式、研发能力和市场推广等。

而要做好经营模式、研发能力和市场推广的再创新，文化优势的挖掘和发挥是重中之重。在锦源记被确认为“老字号”之后，陈泽瑶积极动员企业员工、社会各界力量努力挖掘锦源记布庄的历史资料，其用意在于提炼、提升锦源记的文化价值。

这个价值在于保持了140多年的经营训条，它可浓缩为薄利多销、货真价实、童叟无欺，而实际蕴含的价值和坚持则要艰辛许多。应该说，每一家百年老店都有一些颠扑不破的经营训条，久而久之这就是可以传承的企业文化。

越是老字号，越需再创新。这是碧丽嘉•锦源现掌门人陈泽瑶反复坚持的信念——当许多人还沉浸潮绣传统技艺的时候，陈泽瑶已把重点转移到材料和技术的创新应用上，实现了现代技术技艺与传统制作工艺的有机结合，使产品制作达到更高水平。正是在创新上快人一步，碧丽嘉•锦源又一次受到大众的欢迎。

当许多人迫于资金压力还固守本土战略的时候 ，碧丽嘉•锦源又把旗帜插到海外去。在今天的泰国，除了当年留下的锦源记布庄外，更有潮州市碧丽嘉•锦源的直营店。在那里，碧丽嘉•锦源产品经常被政府采购成为泰国政要赠送重要客人的礼物。

在陈泽瑶看来，老字号品牌的经济文化价值仍需进一步挖掘，资金投入、宣传推介、品牌价值、市场影响力等都将决定一家老字号的生命力。在继承中沉寂，还是在继承中发展，最关键的莫过于一定要把最好的产品、最佳的服务质量呈现出来，“真正的好口碑，才是一家百年老店的立命之本”。

■ 威水史

清同治九年（公元1870年）

海阳县人陈美赵，书名陈锦源，在家乡广东省海阳县秋溪都坑巷乡（现广东省潮安县铁铺镇坑巷村，海阳县于1914年更名潮安县）创办布庄，取名锦源，或锦源记。

清光绪二十四年（公元1898年）

陈美赵带着全家迁居暹罗（1949年改为泰国），于曼谷创办锦源记。“锦源记”商号声名鹊起，陈美赵应曼谷广大潮属侨胞的强烈要求，竞选曼谷市长职务。竞选失利后，陈美赵重返海阳县，再次创办“锦源记”商号。

20世纪50年代中期

国家对私有工商业实行社会主义改造。锦源记布庄并入铁铺区供销合作社，第四代传人陈继绵成为铁铺区供销合作社职工。

1989年

锦源记第四代传人陈继绵重开锦源记布庄。布庄扩大成为制衣厂，继而扩展为服装公司。

2000年起

陈家服装企业由锦源记第五代传人、陈继绵女儿陈泽瑶掌控经营。布庄、制衣厂、服装公司均冠名“锦源”。

21世纪初

陈家完成对140多年老字号的商标注册，冠名“碧丽嘉•锦源”。“碧丽嘉•锦源”在曼谷唐人街成功开设直营店。

2011年

“碧丽嘉•锦源”荣获“2011年度广东老手信”称号。

2012年

“碧丽嘉•锦源”作为潮州入选首批“广东老字号”名单的两家企业之一，也是唯一一家百年老字号。

文/廖奕文　图/吴伟洪

李占记：百年修表行，要的就是“准”

“修金劳（劳力士）就要到李占记。”提起钟表修理，老广州人大多会提起这一句俗语。一块好表，常常精细万分、身价非凡，修理它们也是一件技术含量极高的手艺活。始创于民国初期的老品牌李占记，正是凭借精湛的钟表修理技术声名鹊起。

漫长的岁月里，从机械表到石英表，再到如今功能奇特的智能手表，钟表业经历了巨大的变化。就像至今仍身价不减的高端机械表，李占记也依旧屹立在羊城闹市。近年来，李占记更是接连获得广州市、广东省、国家级“老字号”称号认可，成为钟表行业独享“三连冠”殊荣的百年老店。

明年，这个誉满羊城的老品牌就要迎来百岁生日。是什么让李占记能经历岁月洗礼绵延至今？在李占记百年不坠的金字招牌背后，又有着哪些值得人们学习与借鉴的文化基因与经营秘诀？

解码一

技术精湛：独特“续筋驳骨”　让钟表“起死回生”

若是算上父辈，李占记维修部主任曾锦洪一家干这行已经超过半个世纪，在李占记工作的时间也有三十几年。曾家父子经历了行业的变迁，也见证了这个老品牌的成长。当记者造访，曾师傅摘下夹在眼睛上的放大镜，开始为记者“讲古”。

19世纪末，李锦记的创始人李兰馨从香港学得一手优异的钟表维修技能，由于他修过的表走得准、很少再出问题，渐渐有了名气。1912年，李兰馨在香港文咸东街9号开设一家钟表店，起名“李占记”，主营中高档钟表维修。

随后，李兰馨又相继在广州和澳门开设分店。后来，其他分店皆因各种原因不再营业，位于广州惠爱东路（现在的中山四路344—348号）的李占记却经历风雨百年，自1915年开设留存至今，依然熠熠生辉。

渐渐地，李占记的名声愈发响亮，还吸引了众多外省甚至是外国远道慕名而来的顾客。一些旅居国外的华侨回到广州，常会携带自己珍爱的钟表到访李占记清洗抹油保养。更有甚者，从1947年时的叔父时代到2000年的孙辈，所佩戴的手表都是在李占记购买保养的。

曾锦洪说，精湛的钟表修理技术是李占记经营百年的根基。他介绍，创始人李兰馨本就是精于修表技术的专家，独特的“续筋驳骨”修表工艺使得很多地方修不了或修不好的钟表都能在李占记修好。这种技艺主要采用磨、补、驳、焊、接、

》百年老字号李占记总店位于广州闹市中心

锉、镶、种、包等细腻功夫。

这样的技术传统一直流传至今。

》现今已过花甲之年的曾师傅，其父子两代人都是李占记钟表修理师

曾锦洪介绍，修理钟表易懂难精，并不是一件容易的事。它不仅需要精细的技术，更需要不同寻常的耐心。“曾经有一家兄弟5人拿着一块20世纪50年代出产、已经面目全非的钢制劳力士前来李占记维修。”曾锦洪回忆，那块手表因保管不善进了水，所有零件不仅生锈损坏，甚至很难分辨原状。但兄弟5人反复表示手表是父亲留下的，一定要修好留作纪念。

由于该型号的表已无原装配件，修复和重新挫制这些精致细微的钟表零件难度非常大。但曾锦洪通过磨、补、驳、接等技艺将一些零件修复；对于不能修复的巴制、巴芯、齿轮等零件，更是花费大量时间通过挫制等技术重新制作，终于把整只表修理好，并且里里外外翻新一遍，让顾客喜出望外、赞不绝口。

解码二

服务为本：“无情鸡”辞人　视质量为生命

除了独门技巧本身高超，对于服务质量的严格要求同样是李占记的不变传统和历经百年的秘诀。据李占记总经理陈惠萍介绍，李兰馨当年对麾下技工的维修水平和工作态度有着严格的要求，不但招聘时亲自把关，当技工在修理中遇到问题，李兰馨也都会手把手教授处理。

那时的李兰馨对于已修好的表，常常在交给顾客前自己细查检验，堪称最早的质检员制度。如今，这种亲自监理的模式已经转变为一整套规范的企业管理制度，包括接修程序、质检制度、保修制度、规范的技术操作规程等。

李占记还规定，所有修好的钟表出门，都贴上“李占记修”标签，开具修理凭证，自此后一年内提供保修服务。不仅如此，有些钟表因时代久远，在拆修时才发现一些接件有难以察觉的隐患，李占记也不随便退件，而是千方百计到当地各厂或香港买零件，务求保证质量、维护店誉。有些零件实在无法配套，就利用传承的“续筋驳骨”修表工艺，恢复该钟表的行走功能。

“如果因为技术问题，在李占记修过的表短期内回店返工达到三次，李兰馨就会辞退那位负责维修的技师。他会请技师吃一顿饭，其中必点一道他称作‘无情鸡’的菜，寓意吃完就要辞退人了。”广州市李占记钟表有限公司总经理陈惠萍说。如今的李占记，不仅继承了优良的技术，也依旧保存着这种严格管理、重视质量的传统。

“要的就是准，这不仅是顾客的要求，更是李占记一直以来的追求。”曾锦洪说，确保维修的钟表准确无误，是李占记人一脉相承的精神，也是自己几十年来的坚持。

曾锦洪回忆，20世纪80年代，时任广州军区司令员的将军尤司令找到自己，要求维修手上所带的表。他拿起手表，回想起启蒙师傅说的一个关于时间的故事：有一个部队接受命令要在指定时刻通过一座重要桥梁，由于种种原因，后续部队到达桥头

》技师在一尘不染的维修间精心地维修钟表

比规定时间晚了一点，刚准备通过时桥梁突然被敌军炸断，导致了整场战役的失败。

“精确时间异常重要，哪怕相差一秒，结局可能翻天覆地。我们修表的人，要对得起顾客手中的钟表，每时每刻都要严谨、精准，不能大意任何一个细节。”曾锦洪说，师傅常这样叮嘱他。当曾锦洪把修好的手表递给司令员时，尤司令赞扬地拍拍他说：“准！”

解码三

与时俱进：紧跟市场常交流　才能不被淘汰

2004年，李占记经过重组，成为广州市广百股份有限公司的旗下品牌公司，经营管理更加规范；2013年，在被认定为“广东老字号”后，李占记实现国家、省、市老字号“三连冠”。

陈惠萍说，除了精湛的技术、严格的质量把控，对于前沿市场的敏锐把握，也是让李占记坚持到现在的核心竞争力。

“我们经常会参加钟表行业的大型发布会、研讨会或是品牌推广，或者去杭州、香港甚至是国外参加国际钟表展，借此不仅能时时了解市场上新出的钟表产品，更新维修技术，更要通过与国内外同行和品牌的交流中学习经验。”陈惠萍说。

她表示，只有紧跟市场，不断更新自己，才不会被市场所淘汰。即便是曾锦洪这样拥有几十年工龄的老技师，至今依然勤于钻研钟表修理技术，挑战不断变化的钟表装配技艺。

“我习惯关注各名钟表品牌新款的机芯、零配件变化及物理上的前后差异、功能上的变化，比如西铁城的光动能，精工的人动电能。收集相关的资料，了解瑞士肖邦、江诗丹顿、劳力士等各大名牌的多针多功能、陀飞轮等先进的钟表技术。这样才能使自己的维修技术与时俱进，跟上世界制表技术的进步。”曾锦洪说。

除了自己不断进步，作为李占记钟表维修技术研究小组骨干，曾锦洪还组织同事学习讨论新的技术，发挥集体力量，并将研究出来的最新技术传授给所有技工，提升团队整体的技术水平，同行们都亲切地称呼他为“洪哥”，碰到难题时，都会来请教他。

陈惠萍认为，钟表修理是一个以手工操作为主、专业性很强的服务行业，而且专业技术更新换代快。因此，与时俱进十分重要，而且最好有专门的机构去研究、传授这一领域的专业技术知识。正是依靠不间断的技术更新，李占记才成为梅花表、山度士表、天骏表及格雅表等国际知名品牌的特约维修中心。

“这一点上，瑞士和德国等一些钟表行业较为发达的国家发展较好。”陈惠萍表示，李占记作为中国业内有影响力的钟表行业企业，正计划未来在技术培训和人才培养做出突破。

论道

以修促销百年不变背后的坚守

相比店外街道熙熙攘攘、车水马龙，安静的工作间里修表师傅的从容淡定犹如一幅定格的影像。禁不住想问，斗转星移世事变迁，很多产业和企业大张旗鼓迅速扩张，李占记如何能耐得住性子静得了心，不慌不忙地做着修表的老本行？

陈惠萍笑着告诉记者：“这是我们的生存之本，如果这一点不能保留，那就不是李占记了。”她表示，李占记之所以成长发展到今天，“修”才是老店的核心竞争力，也是它不同于任何一家的精髓所在，“以修促销”的经营理念不会变，维修业务利润也一直是公司利润的主要来源。

她坦言，目前行业的发展不太注重“修”而注重更新产品，消费者也有弃之再买的倾向。而更多的国外品牌在产品研发的同时则是重视修理的特点，是国内钟表行业应当发扬的。

“平均下来每个技师每天只能维修3块表，有的表异常复杂古老，维修难度大的要十几天甚至一两个月。”陈惠萍说，钟表修理是一个讲求技术、重视手工的服务行业，不可能通过流水线式的批量作业完成。

广东省老字号协会秘书长范依萍认为，以李占记为代表的一类老店，主要依靠传统手工技艺，根本上卖的是服务而非产品，不适宜采取大规模扩张的发展模式，而应当以服务取胜。“通过保持传统高质工艺服务这种核心竞争力，赢得一大批忠实消费群体，借此建立的品牌效应带动周边销售，正如李占记的‘以修促销’，是比较适合这类老品牌的发展之路。”

百年老店，除了独门绝技和紧跟时代发展的不断创新应变，还应有一份对于传

》李占记的贴心服务深入民心，不少上了年纪的老人家从大老远跑来买块手表，图的只是舒心和安心

统技艺和企业文化的坚守。技术和思想持续更新换代，并不代表要在日新月异的洪流中轻易改变自己的本行和特色，也许这就是老品牌们走过百年的商道密码。

掌柜言

培养人才是我们下一步的目标

“洗表的水不能用自来水，要采用含杂质最少的蒸馏水；修表室内的温度要常年控制在20摄氏度左右，是最适合保养钟表外观和精准度的温度。”谈起钟表维修行业的特殊讲究，陈惠萍滔滔不绝。

陈惠萍笑称，自1981年参加工作起，就未想要离开过钟表行业。她解释称，自己30多年的坚持，是因为“真心热爱，要离开也舍不得”。而作为百年老店的现任掌柜，陈慧萍把李占记的经营秘诀总结为三点：核心服务质量好、紧跟市场不脱节、重视人才和创新。

“我们坚持以修促销，要狠抓维修技术和质量，这个是一百年以至未来都不会变的。”陈惠萍说，李占记自创始人李兰馨始就格外重视服务质量。

“只有常常抓住市场前沿，才知道出了哪些新的钟表产品；只有了解了新技术和构造，才知道如何去修。设备也要及时更新维修，才能为顾客提供更好的服务。”陈惠萍强调，要紧跟市场脚步，不断更新技术，才能不被市场所淘汰。

例如在李占记，清洗、测量钟表的机械洗标机、测表仪等都是从瑞士进口的，是当下最先进的仪器。甚至包括药水、油等在内的易耗品，也都坚持采用最好的等级，以更好地保证服务到位。

谈起未来，陈惠萍多少有些担心。她介绍，20世纪广州市第一商业学校还专设了钟表班，提供专业的教学大纲结合理论和实践培养人才，但国内行业发展速度减慢，目前已没有这样的培训班了。

陈惠萍说，钟表修理是一份技术含量很高的手艺活。希望将来通过兴办一个李占记的钟表学校或者培训班，加快人才培养的步伐。

街坊议

为顾客着想的到位服务让人感动

“之前我有一块从瑞士买回的名牌表有些不准，拿到专卖店一问，光是洗一次油就要2000元！还要等上3个月！”说起修表，李占记的老主顾张金生颇多感慨。

张金生来自天津，2007年在广州定居。因为听广州本地的朋友介绍，老张知道了李占记这个老字号。

抱着试一试的想法，张金生拿着自己的瑞士表到了李占记。通过检测，李占记的师傅告诉他，是因为一个零件损坏导致不准，更换新零件加上洗油，收费也不到2000元。店里还特别跟他交代：修好之后要通过机器模拟真人佩戴24小时，用来检测维修是否到位准确，如果不着急10天之后就可以取货。

“一百年的店能一直留存下来，我想就是因为它的服务质量高，为顾客着想，对顾客负责，让顾客满意甚至感动。”张金生说，这次修表经历，费用和时间两方面都让他觉得满意。

他向记者反复强调这个老品牌“服务到位”给他留下的深刻印象。原来，李占记还承诺，只要是进店修理过的钟表，一年之内出现任何非人为问题都可以免费维修。“有一次，我发现手表上日期显示不对，拿回去师傅二话不说就帮我修，那之后一直到现在我的手表也没出现过什么问题。”

上河图

一代代技师擦亮李占记招牌

如今的中山四路马路宽阔，人来车往，好不热闹。路边的骑楼和一个个老旧的招牌在时光的交错中回忆着走过的风雨春秋。一旁连通的北京路步行街，更是让这片老城区散发着古朴又现代的独特商业气息。

这其中，“李占记”三个大字招牌依旧闪着铜黄的光泽，远远望去，略带磨砂质感的金属色仿佛在诉说这间店面历久弥新的志向。店内，灯光明亮，柜台明净，陈列着各种款式和品牌的钟表产品；再往里走，一面全透明玻璃隔开的空间，便是闻名海内外的李占记钟表修理间。

透过通透的玻璃，只见工作间里几位技师身着统一的工作服，正戴着专用放大镜，熟练地拨弄着手里的手表。表上复杂精密的零件肉眼都难以看得真切，操持着各种工具的技师们却动作麻利。

在他们身旁的桌面上，放着模拟真人佩戴的检测仪、开表器、洗表机等各种先进配套仪器。玻璃隔板外的候表间里，几位顾客好奇地探着头，观察着在他们看来神乎其技的工艺。百年来，正是在这里，无数的手表经由一代代技师之手，重新焕发了生机。

■ 威水史

1912年

创始人李兰馨开始在香港、澳门等地开设多家李占记钟表行，号称省港澳李占记，擅修名贵高档手表。

1915年

李兰馨在广州十八甫90号创建广州李占记。

1956年

公私合营背景下，李占记改造为盈亏公负的定息户，由中国百货公司广东省广州市公司管理经营，合营后仍用“李占记”字号。

1967年

国家将公私合营的原私营商号收归国有后，李占记商号易名为“广州钟表商店”。

1982年

广州市钟表眼镜公司恢复建制。

1984年

获准批复，广州市钟表眼镜公司主要归口领导钟表、眼镜行业，所属批、零售企业。广州钟表商店成为广州市钟表眼镜公司领导下的一员。

1985年

恢复“李占记”店名，仍为市钟表眼镜公司管理的分支机构。

1993年

李占记被国内贸易部认证为“中华老字号”

1994年

在国家工商局注册了“李占记”商标。

2000年

李占记被广州市人民政府认定为“广州市第一批老字号”。

2004年5月

根据市政府穗府[2000]56号文精神，由国有资本注资重组为国有控股的具有法人资格的“广州市李占记钟表有限公司”

2011年3月

李占记被中国商务部重新认定为“中华老字号”品牌，列入“受保护的中华老字号企业”。

2012年11月

“李占记表铺”被认定为“越秀区第一批登记保护文物单位”。

2013年3月

李占记被认定为“广东老字号”。至此，李占记获得国家、省、市三级老字号企业的认定。

文/肖文舸　图/吴伟洪

色色：色生万象，创新永葆青春色调

色色婚纱摄影是在广东甚至国内都颇具知名度的摄影品牌。对于许多年轻人而言，很难相信这个一直以时尚、新潮形象著称的品牌，竟也是一家老店，背后“隐藏”着近百年的悠久历史。

摄影这门艺术和生意，诞生至今已经历了翻天覆地的技术变革，也从曾经的贵族享受变为如今的大众化服务。一个世纪的风云变幻，很多当初的老牌照相馆早已“退出江湖”，而始创于民国初期的色色虽也曾遭重创暂时“引退”，但却在新时期借助婚纱摄影重生，再度成为引领摄影行业潮流的佼佼者。

与一对对新人“相识、相爱、相知、相守”的过程一样，两代传承人与色色品牌相携百年。俗话说，创业容易守业难。正如色色现任传承人李建成所言，经营一家影楼容易，但要保住百年老字号并将其发扬光大实非易事。在摄影行业激烈的市场竞争中，色色延续百年的传奇有着怎样的文化基因？在时尚、新潮的婚纱摄影行业中，色色能够永葆青春色调的秘诀又是什么？

解码一

先人一步：侨乡青年引领近代摄影风气之先

1919年因“五四”运动而载入史册。在这个时期的“五四”新文化运动中，一批有留学背景的学者和当时对西方文化具有强烈兴趣的文化人，纷纷学起摄影技术，并将其视为时尚本领和文明素质的一项标志。

在岭南著名的侨乡江门，西风东渐带来的影响要更早一些。这一年，广东鹤山市桃源镇甘棠乡刚刚20岁出头的小伙子李乔，在江门棠下镇创办起色色照相馆，成为中国早期商业人像摄影私营企业之一。

年轻的李乔之所以能引领风气之先创办照相馆，与江门深厚的侨乡文化息息相关。

1917年，本村出洋的郑公从荷兰回国，带回一台美国柯达公司生产的No.4 Screen Focus Kodak照相机。李乔对这个“黑色盒子”产生了极大的兴趣，与村里的年轻人一起师从郑公学习摄影术。在郑公的启蒙下，李乔萌发了开办照相馆的想法。

李乔的父亲李和森是一名商人，因生意之故经常到广州和香港，得知此时照相馆在两地的发展已是一片大好之势。李乔得到父亲同意，同年与同村伙伴赴港进一步学习摄影技艺和照相馆经营之道。

经过两年刻苦学艺，李乔熟练掌握了摄影全套技艺及经营之道。一起学艺的同伴选择到南洋闯荡，而李乔却另有打算。他认为，五邑漂洋过海的人很多，但尚无一人回乡开办照相馆，他要开此先河。

金秋十月，五邑侨乡大地上有了第一家照相馆——色色照相馆。“色色”取意于“色生万象，万象生辉”，既含摄影成像之理，也寄望色色的辉煌发展。开业之初，李乔针对乡镇特色，开展全身照、半身照、全家福等人像摄影以及地契摄影。李乔精心研究摄影技艺，并与香港的朋友保持密切联系，经营常有新意，八乡民众趋之若鹜。

生意越做越大，李乔遂将色色照相馆阁楼改造为豪华的两层西式洋楼，玻璃小屋作为摄影棚，装修华美，设备先进。屋后则是一个别致的花园，种了各季鲜花和各种植物，可供照相布景之用。

之后，色色的生意更加兴旺，虽然新开业的照相馆陆续增多，但都无法动摇色色五邑名店的地位。据公司现任副总经理雷翠芳回忆，20世纪五六十年代，色色照相馆是棠下的地标，要去照相馆附近的地方，只要亮出色色的名号，无人不知，“很多归国华侨也慕名前来拍照。”

解码二

子承父业：转型婚纱摄影“色色”重生

抗日期间，色色照相馆关门歇业，战后恢复经营。1957年，国家实行公私合营政策，色色照相馆易名为“棠下照相馆”，创始人李乔成为照相馆的摄影师傅。

1964年夏天，一场前所未有的飓风席卷鹤山，色色照相馆的两层洋房被毁，花费李乔大半生心血建造的玻璃影棚尽毁，照相馆原本充公的器材也无一幸免，仅李乔个人收藏的摄影器材安然无恙。

李乔在洋房附近另起新家，继续经营色色照相馆。“文革”爆发后，受牵连的李乔无奈地关闭照相馆回乡接受劳动改造。李乔没有想到，这一别，竟与照相馆再无缘“重逢”。

1967年，李乔病逝，重建色色照相馆的遗志深深烙印在儿子李建成的心中。李建成从小在父亲身边耳濡目染，言传身教，十三四岁时便基本掌握各种摄影器材的性能及摄影技艺。

20世纪80年代后期，李建成回到江门，承包江门冲印中心的彩扩冲印部，开展彩印业务，1988年又正式创办色色摄影冲印部，断弦近30年的色色品牌“重生”。

多年来，他谨记父亲的教诲，要把每一张相底修整完美。好的照片质量赢得了消费者的认可，李建成逐渐在江门打开市场，他个人更被乡亲誉为五邑地区修相底一流的“相霸”。

20世纪80年代末至90年代初，彩色冲印业市场逐渐饱和。李建成没有固守旧业，他发现广州、上海、武汉等地的几家以婚纱摄影为主业的影楼，购买的相机、胶卷、冲印药水越来越多，这让李建成看到了发展婚纱影楼的商机，在广州取经一个月后，他开始了热火朝天的婚纱摄影创业史。

1990年，李建成在江门创办江门色色婚纱艺术影楼。很多同行不看好，李建成却断言：“专业婚纱摄影，正是色色的未来之路，必须抢占先机。”色色婚纱艺术影楼开业当天，一场前所未有的婚纱秀在五邑地区引起轰动，色色一炮而红，成为今日婚纱摄影王国的新起点。

两三年下来，色色婚纱艺术影楼在江门已家喻户晓，赚到了拓展业务的第一桶金，李建成开始进军全国市场，先后在省内外创建了一批色色婚纱摄影直营店，还大力发展加盟连锁经营业务，掀起了一阵“色色旋风”。

解码三

守正出奇：不断创新　顺应行业发展潮流

过去，技术和设备在“合影留念式”的刻板照片中占据首要位置，然而，随着照相机的普及，人们需求的多样化，以时尚、个性、潮流为“生命线”的婚纱摄影行业对技术和摄影风格提出更高的要求。“没有创新，在婚纱摄影行业很难立足。”李建成表示，不断创新、与时俱进是色色百年延续之根本。

20世纪80年代后期，李建成回乡重建“色色”品牌，市场形势已发生很大变化，靠什么打开市场呢？1985年，江门成为广东省第一代身份证的试点之一。由于身份证照片要求非常严格，照相师傅都非常谨慎，拍照数量有限，办证人数过多给照相馆带来极大压力，顾客怨声不断。

李建成想出一个小窍门，按照身份证照片的规格设置一个小框框，然后贴在镜头上面，被照者的头像一进入此框内即表明符合规格，即可完成拍照，大大提高了效率。李建成还把此窍门传授给其他同行，树立了色色的行业地位。

1993年，色色开始发展国内市场，却因时机和经营等问题栽了不少跟头。这次受创没有压倒李建成，他及时调整经营策略，将主战场转回广东。同时，色色又率先开展当时不起眼的“儿童免费摄影”服务，收到很好的效果。

进入21世纪，数码相机的兴起迅速颠覆了摄影行业，而色色在1998年便抓住先机引进了几台数码相机。在品尝到数码相机的“头啖汤”之后，色色也迅速进行了数码相机的转型。

数码相机的转型还带来了冲印行业的转型。在又一次转型面前，色色花巨资购入数码设备，招聘和培养数码摄影冲印技术人才，成立广州数码冲印中心。色色因此成为广东第一个从事数码冲印的企业。

随着大众需求的变化，早在七八年前，外拍婚纱照、旅游婚纱照成为时尚，影楼的功能在逐渐消退。色色又顺应时势，在多地建设婚纱摄影基地。2010年，获灵感于世博会，色色中国环球影城开业，成为目前摄影行业最具规模的内外实景摄影基地。

如今，秉承着“亲切、专业、创意、领先”的经营理念，色色已发展成为集婚纱摄影、数码冲印、广告印刷、培训教育和会所服务于一体的综合性企业“广东色色婚纱摄影有限公司”，在全国拥有50多个直营机构和200多间加盟店，是全国婚纱摄影行业规模最大的企业之一。2010年，随着“色色回忆摄影画廊”在美国三藩市的创建，“色色”品牌开始走向国际化。

论道

老字号步步为营　唯有保持创新精神

民国初期，得广东近现代沿海开放和侨乡风气之先，色色创始人李乔得以接触摄影，并有机会到香港得名师指点，色色在侨乡大地上开始了它的发展之路。

曾经，摄影只是少数人的专利，掌握摄影技术等于拥有了“先决权”。然而，随着科学技术的进步和设备的普及，摄影行业的竞争越来越激烈，如何在激烈的竞争中脱颖而出？

正如李建成所言，唯有不断创新，先人一步，紧紧把握住市场的风向标，才能步步为营成为行业佼佼者。正是凭借着敏锐的信息捕捉能力、善于应变的市场战略，色色在近百年的风云变幻中，始终走在行业发展、转型的前端，成为行业创新变革和时尚潮流的“领头羊”。

然而，创新有时候也意味着风险。在紧跟时代潮流之时，稍有不慎，老字号企业同样可能陷入危机。在技术革新、经营理念革新方面，色色也曾栽过跟头。在数码印刷机更新换代之初，设备更新速度超出预料，色色亏了几百万元；在“色色旋风”向全国席卷时，因经营理念不太成熟，色色也曾遭遇低迷期。

此时，领导者这个角色非常重要。在遭遇挫折时，李建成及时反思，调整策略，使企业在市场的滚滚潮流中愈发成熟。正是因为在机会降临时牢牢把握、迈步向前，碰上问题迅速应对、重新出发的顽强拼搏精神，色色保住了百年老字号的基业，并不断做大做强。

“经营一间影楼容易，经营一家百年老店一点也不容易。”就像李建成感慨的，对于色色这样的百年老店，困难和问题总是免不了的，只有技术、观念、思想都与时俱进，才能够长盛不衰。

》色色拍摄的婚纱照片

掌柜言

永远先人一步　方能长盛不衰

在广东，比色色更久远的摄影商号有艳芳、昆仑等，为何色色能脱颖而出、越做越强？在色色传承人李建成看来，永远先人一步，紧跟时代潮流，以“精益求精的技术”和“尽善尽美的服务”留住顾客便是色色长盛不衰的秘诀。

“技术更新是摄影行业的重要特点，与时俱进是这个行业的本质要求。”身为摄影家的李建成认为，摄影技术日新月异，特别是数码技术的应用给摄影行业带来颠覆性转变，因此婚纱摄影行业也必须不断地改革创新。

李建成说，以前摄影是贵族的技能，现在已经几乎普及到全民，因此婚纱摄影经营者只能不断地提升技术、更变观念，并且及时转变经营模式。比如色色的服务对象主要为年轻人，一般都是22岁至35岁的群体，非常熟悉网络，于是近些年色色开始试水“网购”。

户外拍照、旅游拍照的兴起也转变了婚纱摄影的经营方略。李建成介绍，以前色色靠影楼来占领市场，如今已经转变为建设婚纱摄影云基地，将备受追捧的旅游景点“袖珍版”纳入基地里，为顾客打造“亲临其境”的婚纱系列。如今，李建成正打算把色色中国环球影城发展成为集婚纱摄影、婚庆一条龙服务、旅游、观光度假、影视结合的综合基地。

李建成说，目前静态影像已无法满足人们的需求，动态、立体的“爱情微电影”逐渐成为人们的追求。为了抓住先机，三四年前，色色着重开发微电影。2011年，色色制作的100部爱情微电影主题样片在上海婚博会轰动全国。“我觉得爱情微电影未来发展的潜力比较大，今后将进一步加大这方面的投入和开发力度，继续保持领先。”

街坊议

老牌照相馆　远近口碑好

今年90岁高龄的欧阳悦移是色色的老顾客之一。她出生于新加坡，7岁时随母亲回国住在棠下镇区边村。1947年结婚时，欧阳悦移的结婚照就是在色色照相馆由老板李乔亲自操刀拍摄的。

“我至今仍保留了这张结婚照，上面还记录了日期。”欧阳悦移回忆说，当时镇上只有这一家照相馆，生意非常好。

退休后到色色上班的陈健全，少年时也是照相馆的常客。20世纪50年代中期，他还在新会三中（现棠下中学）读书，便常到棠下色色照相馆看李乔拍照。他回忆，当时客人座位后面是布景，瓦屋顶有天窗，拍摄时要拉开天窗取自然光。“乔叔弓腰在box机后，上面盖红毯装片、调焦、指示客人摆姿势，然后从红毯下出来，拿着气动球喊：‘一、二、三，好！’”

陈健全说，当时自己就非常喜欢摄影，但买不起相机，后来冒昧问李乔借相机，他不但大方借给自己，还耐心地教陈

》欧阳悦移1947年在色色照相馆拍的婚纱照

健全使用方法，并进行点评。

“这些照片，摄影艺术好，冲印质量好，影印材质好，服务态度好，远近口碑好。”陈健全竖着大拇指赞道。

上河图

婚纱摄影　世外桃源色色造

在风和日丽的日子里，行车经过一段山路，走进青山绿水环抱的色色中国环球影城，世界各地著名景点的“袖珍版”藏于山中——澳门大三巴、爱丽丝城堡、荷兰风车、渔人码头等，王子和公主的故事每天都在这里上演，为每对即将步入婚姻殿堂的新人打造了一个美丽浪漫的梦。

鹤山市桃源镇甘棠乡，色色中国环球影城正如桃源镇之名一般，正是一个

》色色中国环球城内部景观

婚纱摄影的世外桃源。如今，环球摄影城建有“爱丽丝城堡”“生态欧陆文化园区”“渔人码头区”“漓江自然风景区”“地中海风情区”“活力动感区”六大景区，见证着平均每天上万对新人的幸福时刻，也展示这家百年老店至今不衰的“青春姿态”。

■ 威水史

1919年

李乔在江门市棠下镇创办色色照相馆。

1957年

国家实行公私合营政策，色色照相馆易名为“棠下照相馆”，李乔任棠下照相馆摄影师傅。

1990年

李建成秉承父志，在江门市创建第一家色色婚纱艺术影楼，恢复“色色”的商号和摄影品牌。

1995年

色色婚纱艺术影楼荣获首届“中国百佳明星影楼”“95中国十大杰出影楼”荣誉称号。

1998年

色色投资数千万元，与广东省人像摄影协会共同开办色色艺术职业培训中心，培养婚纱摄影从业人才。

2002年

全面进入影楼数码高科技新时代，同年，被评为“亚太地区20大最具影响力影楼”。

2003年

色色集团被评为“全国摄影业百强企业”（排名第一），“色色”商标被评为“广东著名商标”，色色婚纱影楼被评为“全国摄影名店”，色色艺术职业培训学院被评为“全国摄影名校”。

2009年

注册成立“广东色色婚纱摄影有限公司”，走上现代化公司管理之路。

2010年

色色中国环球影城开业，成为摄影行业最具规模的内外实景摄影基地。

2013年

“色色”商标荣膺“广东老字号”，同年，荣获由中国人像摄影学会授予行业最高荣誉“中国婚纱摄影十大杰出品牌企业”称号。

文/甘雁娜　图/广东色色婚纱摄影有限公司供图

永汉电影院：低调着，与广州人永结同心

千年以前，这里就已经是繁华的商业胜地。斑驳的青石铺就的石板街上，烛影摇红里，勾栏瓦肆中，半红不紫的伶人，在这里拎着木偶，映着白布，伴着丝竹，演绎那古老的皮影戏。

千年以后，苍凉的皮影与同样沧桑的唱腔早已不再。但与皮影一脉相承的电影，在北京路这条繁华了千年的古道上，却成了一种传统，一种习惯。站在北京路与文明路交界的路口，放眼那被雨水洗刷过的充满历史尘埃的骑楼，还有楼顶那并不明亮的霓虹灯以及楼下喧闹的叫卖声，你真的会感觉到一种温暖。

是的，这里是永汉。一个老广州无法忘却的电影圣地，目前广州还活跃着的、唯一的拥有80年以上历史的影城。在这里，有着全城唯一的情侣座，有着全城最丰富的、关于电影的记忆。

为什么其他老影院都已经不在，但永汉依然伫立在那里？现在，我们就和你一起走进这条古街，揭开这家老影城生存的秘密。

解码一

天时：特色，不仅仅是电影内容

能够走过87年风雨，永汉电影院无疑是电影院界的一个奇迹。根据永汉电影院的老经理李国华的说法，这家影院之所以能够坚持这么多年，主要就是依靠影院的特色，而当这种特色深入到观众的骨子里，当这种特色成为整个城市的一种印记，那么影院自然也就“活”了。

在其他实体行业，老字号都是靠产品本身而延续下来，电影院却是一个服务性

机构。每月甚至每周上映的电影都不相同，这也使得影院的经营不可能依靠产品本身，只能依靠其他的服务让观众感觉增值。但是，影片产品本身对影院又具有一种决定性的作用。任何一部票房高企的电影，其口碑所引发的集聚效应都能使影城赚得盆满钵满。

“影院在很大程度上等于是在‘望天吃饭’。”永汉所加盟的金逸珠江院线负责人谢世明说，如果影院每个星期上映的都是《阿凡达》这样质量的电影，都不可能亏钱。但是，就像诸葛亮可以借东风一样，好的影院经营者，往往会把“天时”利用起来，摆脱对内容的依赖。而永汉长寿的最大秘密就在于历届经理都有这方面的能力。

创立早年，永汉的掌门人用文艺来对抗片源的不足。除了放电影，还有其他一些相当风雅的副业。比如影城还兜售一本叫《永汉半月刊》的杂志，里面不仅有诸多影评，还有新片介绍。比如创刊号上就有《快映梅礼士新歌剧〈摇床艳史〉》，还有诸如《且说几句》的短评，受欢迎程度不输现在的时光网、豆瓣网等影评网站。

新中国成立后，永汉用新闻来弥补内容的局限。20世纪60年代，永汉戏院更名新闻电影院。正常的电影还在放，但因为“文革”期间并没有多少新作品，当时的经理们就把《新闻简报》做成了特色。

“我年轻时来永汉看电影，经常就是冲着这里的新闻来的。”李国华回忆，因为在那些新闻中不但可以目睹到毛主席、周总理，甚至还有西哈努克亲王等国际友人。“现在想来，其实就跟新闻联播差不多。但那时候大家都没有电视，所以这就成了一大特色。”

解码二

地利：位置，让人迷恋上这里

如果说摆脱内容局限是让永汉得以长寿的法宝，那么北京路这个优良的地理位置，则是永汉能够生存到如今的最大凭仗。

开影院应该在什么位置？人流最多的商业区自然是首选。这也是为什么北京路短短几百米就云集了5家影院，并且在竞争激烈的情况下依然都能生存下来的根本原因。

永汉的位置，实在是好。在新中国成立前，它距离东山和西堤都不远，往南走

》身处广州闹市区的永汉电影院大门

一点，天字码头过江更是方便。最近这些年，比较成功的影院都建在地铁沿线的商圈——金声西濠等老影城的没落，与交通方式的变革也有着很大关系。而永汉，即便距离地铁站有了一点距离，但也依然算是交通方便。

当然，除了影院外界的优越地理条件，影城本身的“地利”也是永汉生存到如今的秘密之一。

直到现在，永汉都是全广州唯一主打“情侣座”“家庭座”的影城。双人位的票价虽然比单人位要稍贵，但是情意绵绵的年轻男女们显然不会在乎这样一点成本。这种情侣座早在20世纪80年代就已成为卖点。在那个情侣间见面都像地下党接头的年代，能够用情侣座的电影票将女生约进影院，终身大事基本就能定下一半。

情侣座并非专利，其他影城难道不能模仿？李国华说，当年的确也有一部分影院想这样做，“但位置都很少，没有我们这样大规模应用。后来我们的情侣雅座不但成了标配，也成了大家心目中的传统”。

此后永汉电影院历经几次改造，情侣座都保留了下来，现如今已经成了永汉最大的特色。“这些座位不知道成就了多少广州人的姻缘。所以，在2010年准备重新装修时，我们也收到了无数意见，希望把这种座位继续保留下去，因为这里面承载了很多情侣对未来的祝福。”李国华笑道。

解码三

人和：情怀，就是“益街坊”的深厚情感

天时不如地利，地利不如人和。影业兴衰无定，老街沧海桑田。永汉能够成为长盛不衰的百年老店，最关键的因素依然是人，是历代经理们的经营理念，是这种理念所带来的观众的忠诚度，是久而久之形成的观众与影院之间的那种浓得化不开的情感。

“老广”们对老电影院的感情有多深？南关电影院停业整改的时候，网上一夜之内多了很多回忆的帖子；新华电影院关门拆迁的时候，最后一场放映的《狂吻俄罗斯》居然爆满；金声电影院的拆迁现场，一直都有老影迷过去“围观”……2010年，永汉最新一次装修时，同样有不少影迷赶来“怀念”。

》永汉电影院早期的门票

做到这一点有多难呢？李国华说，不难，只要做到一点就行：心里有观众，自然“益街坊”。

最近这些年，广州的影院票价不断上涨，最高的IMAX 3D电影已经达到近200元一张票，永汉的票价却一直都是30—50元。这还是重新装修后的价钱，在那之前，很多电影的票价都是10元。

“就算现在，我们的电影票也基本算得上是全广州最便宜的。星期一到星期四全天都是半价，许多票比团购价还便宜。还有的价格甚至低于片方给我们的指导票价（一般情况下，电影发行方向院线提供的类似于最低票价的价格）。”李国华说。

这样的廉价电影可以经营下去么？在其他地方或许不行，但永汉可以。李国华解释，如今许多五星级影城的地理位置很好，但场地都是租来的，每个月要付一大笔场租。永汉的影院却是自有物业，省了很大的场租成本。而仅依靠一楼铺面出租的收入，永汉就已经基本可以保证收支的平衡，以副业带动主业来支撑吸引年轻人的低票价。

论道

有“烟火人气”方成广州地标

就算很多年后，那个叫方枪枪的人依然记得1998年的那个傍晚。“《雷霆救兵》！十元一张！……”尽管当时根本没听明白到底说的是什么，但这位同学还是攥了攥兜里的钱包，义无反顾地走了进去。

是的，这就是笔者第一次到永汉电影院的情形。

那一次看电影的感觉，跟当年在故乡烟雾缭绕的录像厅里看盗版港片的记忆并没有太大差异。以至于在我来广州的最初几年里，一直以为看电影无非都是那样而已。直到后来中华广场电影城开业，笔者才知道原来还有一种叫作五星级影城的东西。

只是，后来在五星级影城看电影越来越多，但影城本身给人的感觉却没有多大区别，那种相似的豪华，远不如永汉的“烟火人气”给人印象深刻。所谓情怀，其实不过就是这样一些让你印象深刻的东西。

永汉就是这样一家有情怀的影院。或者更准确一点说，永汉是一家承载了很多人记忆的、让人一提起来就觉得很有味道的地方。

城市需要地标，我们的记忆也需要地标。1927年建立的永汉电影院，就是很多广州人关于电影的、硕果仅存的、还没有化作碎片的老广州文化地标。既然如此，怎能不去珍惜？

掌柜言

永汉是一个情感的综合体

永汉长寿的秘诀是什么？影城经理李国华总结，永汉之所以到现在仍屹立不倒，最大的依靠还是“情怀”。“让人动感情的东西，很难说放弃就放弃的。”

》永汉电影院历经80余年，依旧开门迎客

李国华从20世纪70年代开始就在永汉看电影，在这里担任经理也已经十几年了。他回忆，20世纪六七十年代，很多人来这里看电影，是因为这里播放新闻纪录片；改革开放后，则因为情侣包厢，那时叫雅座，这里就成了谈情说爱的场所；再往后，20世纪90年代的录像厅记忆，新时代的五星级影城记忆，这里都有。

“永汉电影院就是一个情感的综合体。这些年来虽然周围有好多新影院建起来，但因为这种感情记忆的存在，很多老顾客还是愿意买我们的票。”李国华说。

在他看来，除了观众的情感记忆，来自政府方面的支持也是永汉能够走到今天的最大动因之一。2010年永汉改造，广州市政府就明确要求，“改造可以，但一定要做回电影院，保留这个文化地标”。

对于永汉的未来，李国华依然信心十足。如今，永汉周围方圆300米已有5家电影院，场地一个比一个大，环境一个比一个好。但面对竞争压力，李国华说，虽然重新规划增加场地已经不可能，但永汉仍可以在引进新技术，提高放映质量，降低票价和增强服务这些地方下工夫。

“尤其是永汉以前的‘情侣’特色。我们有个计划，打算利用这全城唯一的特色卡座，提出这样一个口号：来永汉，永结同心。”李国华说。

街坊议

年轻人在永汉成就姻缘

初恋的味道

“我们那个年代，俩人谈恋爱就像是搞地下工作一样。出来约会，我走北京路这边，他走北京路那边，也就是在电影院里，我们才敢坐到一起。我跟我爱人第一次牵手，就是在永汉。”老顾客刘女士说。

刘女士笑言，不仅自己，甚至自己的下一代都跟永汉有缘。“我儿子从小就被我带着到这里看电影。那个时候，这里才刚设情侣包厢。后来，我儿子谈女朋友，跟人家求婚时也是在这里。”

当时，刘女士的儿子带女友来看一个爱情电影，看完之后一亮灯，就让工作人员帮她献花。“我们很多人都是这么觉得的，“永汉”的“永”字，就是永结同心的意思。不信的话，你问问这里的工作人员，这些情侣座成就了多少对姻缘？”

青春的味道

“前几年看到过网上有人说，‘永汉那个转角我走过无数次，那是我在广州到目前为止唯一不会迷路的地带’，这句话说的就是我的心声。对我来说，永汉不仅是一个电影院，也是我的成长岁月与记忆。”如今已经事业有成，但没事时依然喜欢在北京路的各个角落闲逛的吴先生说。

“我刚来广州的时候，挺孤独的。那时北京路上的青宫和永汉，就是我每天晚上呆得最多的地方。”吴先生回忆，当时这里除了影院，还有桌球室、舞厅、电子游戏机……“现在看起来这些地方已经很low了，但当时给我的感觉，就跟现在你去万达广场或者天河城一样，永汉就相当于我们这代人的夜店啊”。

吴先生说，现在大家大都买了房，而计划经济年代很多年轻人都没分到房子。20世纪90年代初，这些老影院都开始通宵放映，所以那时像他这样来广州打工的年轻人，大都有在影院过夜的经历。“对我来说，那段时间虽然艰苦，但这个地方的确是一种不可忘记的青春记忆啊”。

》永汉电影院的招牌挺立在夜幕中

上河图

永汉依旧笑春风

在过去的近一个世纪里，这个地方都是一条电影街。1949年前，靠近江边有南关和海珠大戏院；后来，北边一点的中山五路那里，又建起了新华；再后来，北京路上出现了青宫，文明路上又出现了市一宫……以永汉为圆心，以300米为半径，集中了包含永汉在内的6家影城。

再后来，这里成了商业街。新华拆掉了，南关关门了，在新华的旧址上建起了五月花，在更靠近永汉的地方出现了新青宫。去年下半年，一步之遥的光明广场又建起了一座星汇影城，都是五星级的。

永汉依然伫立在那里。重新装修了多次之后，已经没有人记得当年电影院内部的样子。一楼的物业转手了无数次，现在被堡狮龙和一家餐馆占据着。楼顶的招牌依然不够显眼，外墙的海报也没再悬挂。售票处变了位置，一到三楼通了电梯。倒是电梯的门上贴满了最新的电影海报，提醒着大家这里是一座影院。

影院的几个厅与上次装修前并没有太大变化。座位舒服了一些，爆米花好吃了一点。放映效果在诸多五星级影城的对比下显得有些弱，但架不住票价便宜。对声光效果没有特别强烈追求的观众，已经足够了。相比之下，倒是三楼那个最大的、能坐300人的影厅，依稀还能让人感觉到一股鼎盛的味道。

■ 威水史

1927年

永汉戏院成立。此前不久，汉民路（即现在的北京路）更名为“永汉路”，因此这一新成立的戏院就定名为“永汉戏院”。

1960年

新中国成立后，永汉经过多次波折之后确立了自己的营业方向。到1960年代，已经成为以专营放映新闻纪录片而闻名的影院，并于1960年改名为“新闻电影院”，成为中国十大专业电影院之一。

1986年

改革开放后第一次重新装修。新闻电影院更名“永汉电影院”，年度票房超过100万，成为全国票房收入十大影院，票房和利润总额名列市属影剧院之首。而当时的人均工资，仅为几十元人民币。

1998年

重装上阵。将原有的大厅改造成4个影厅，530个座位。之后逐步开始走向低价路线，周一至周四全天半价，全市仅此一家；周五至周日中午12时前和晚上9时45分后特价，有些早场甚至低至15元。

2010年

又一次重新装修，增加3D银幕和放映机，将4个影厅改回3个放映厅，均保留原来的特色情侣座，以及全城独一无二的家庭座。

文/郑照魁　图/刘力勤

第三篇

各方论道

百年老店蕴含粤商精神

广东商道，源远流长。自秦汉开通海上丝绸之路以来，广东作为始发地及通商大港，千百年来铸就了开放与包容的商业文明。

党的十八届三中全会明确提出：推进丝绸之路经济带、海上丝绸之路建设，形成全方位开放新格局。中共中央政治局委员、广东省委书记胡春华也曾提出，“广东亟须加大文物保护力度，挖掘岭南文化资源，坚持保护和利用相结合，盘活、弘扬历史文化遗产和岭南人文资源，进一步提升广东文化形象，充分发挥文化形象在经济社会发展中重要的形塑与引导作用。”

这一背景下，广东独具特色的商业文明将迎来新的发展机遇，特别是百年老字号将再次焕发青春。

广东百年老店为何能传承如此长久？支撑他们的企业精神、企业文化是什么？在《广东商道•破译百年老店文化密码》系列报道启动仪式及座谈会上，政府主管部门、专家学者、协会、百年老店企业代表等共聚一堂，为破译广东百年老店的文化密码各抒己见。

广东省委宣传部副部长顾作义在致辞中指出，广东商道具有“敢为人先”“开放包容”的精神，很多百年老店在“商道”之外还讲“人道”，经营不纯粹为了赚钱，非常有南方的特色。百年老店的商业追求、价值追求、伦理道德以及技术方面等，对当下商业文明发展具有指导意义。开展系列报道破译百年老店的文化密码，不但有助于推动商业产业发展，对岭南文化传承也有重要意义。

南方报业传媒集团党委书记、管委会主任、董事长莫高义则表示，广东的老字号见证着广东商业历史的变迁，积聚着多年来的文化沉淀，而胡书记的重要讲话，为广东百年老店的传承与创新指明了方向。“广东商道•破译百年老店文化密码”是南方报业传媒集团宣传贯彻党的十八届三中全会精神，为广东建设经济强省、文化强省吹氧助燃的重要举措。南方日报社作为广东省委机关报、华南的主流政经大报，有责任、有义务、有能力通过大量及时、鲜活、深入的报道，弘扬敢为人先、务实创新、开放兼容、利通五洲、达济天下的新粤商精神。

专家、行业代表齐聚研讨会
百年老店兴衰密码：三颗“心”

“广东商道•破译百年老店文化密码”座谈会上，嘉宾们就广东老字号的发展史、商业和企业文化特色，以及广东的商业文化历史传承进行了深入探讨。专家和业界代表对老字号背后的经营之道和企业文化在其中所起到的作用进行了梳理和分析。与此同时，他们也直面目前广东老字号的生存困局，对于老字号应如何发展适应时代的需求也提出了不少建议，对于百年老店的文化密码，更是梳理得非常清晰。

》“广东商道·破译百年老店文化密码”现场研讨会

传承密码：良心
注重品质保证　创造“不老传奇”

谈到老字号，最引人入胜的莫过于他们究竟有何传承百年的“不传之秘”？究竟蕴藏着怎样过人的经营之道？嘉宾们认为，老字号能够传承百年的最根本原因，是这些老店所拥有的“良心”，依仗良心形成的信誉和品质，对老店来说是一笔巨大的无形资产。

“当前，人们都在关注食品安全问题，但是一想到老字号的招牌，大家都会感到放心不少。”广东老字号专家委员会委员饶原生认为，在诚信缺失、假冒伪劣不断充斥的今天，老字号仍然能成为产品质量的保证，其背后蕴藏的伦理基因值得进行探索。

广州市文史研究馆馆员龚伯洪将广东老字号的经营理念归结为“求实、求真、求和、求新”四点。他认为，过去老字号都属于私营经济，他们的经营理念关乎自己的身家性命，也往往反映了当时社会的道德伦理。比如，过去不少老字号都有着严格的店规就反映了这一点。“大学鞋店就以醒目的对联对顾客做出品质担保：大学之作，实斧实凿；大学之价，实银实码。钟表名店李占记则建立严格的招工制度，技术不硬、嗜好不良、上进心不强之徒一概无法跨进其门槛。”这一观点得到了李锦记公关总监赖洁珊的认同。她表示，拥有125年历史的著名品牌李锦记，就是以“100减1等于0”约束自己的员工，为追求“无缺陷”的产品，他们还采取了全球最严格的食品安全标准进行制作。

“老字号不仅只是顾全小家的发展，更强调同行的和睦与社会的和谐。”龚伯洪说：“当初李锦记还在珠海开小茶寮的时候，每到年关都会烧掉穷苦人家赊账的凭条。”李锦记公关总监赖洁珊同样以自己公司的例子来印证龚伯洪的观点。“有一次，李锦记的产品遭到了马来西亚超市的仿冒，尽管法庭裁定对方败诉，但李锦记不计前嫌，不仅宽免了对方的赔偿，还与超市联手进行产品推广。”

生存密码：信心
老字号转国字号值得反思

虽然许多老店能够传承数百年，但在当下日新月异的商业环境里，这些老店是否还能一如既往地生存下去？对此，与会专家同样展开了热烈地讨论。对于百年老店在当下经济环境中的生存密码，专家们认为主要是老店的经营者不但自己要有信心，同时也要更加积极地面对。

每一家老字号都经历了从小微企业不断壮大的发展过程。“粤商与徽商、晋商之间的最大区别，在于粤商不是依靠本土资本对行业的垄断发展起来的。四面八方的商人都能来到广东自由创业，找到发展空间。”广东决策研究院旅游产业研究中心主任李铭建说，广东开放自由的商业氛围为小微企业成长为百年老店提供了土壤。

“然而，今天广东不少老字号企业不想被贴上‘老字号’的标签，反而更希望成为‘国字号’品牌。这一点值得我们反思。”李铭建也将老字号的发展态势作为小微企业生存状况的风向标。他认为，国字号毕竟是少数，越来越多老字号将国字号视作保护伞时，实际说明小微企业的发展空间受到限制，这对孕育未来的百年老店是不利的。“政府应当对新生的小微企业加强保护，让他们通过老字号的成长经验看到在广东创业的希望。”

老字号吸引的不只是本地人，还可以拉动旅游业的发展。有调查研究发现，30岁以上的外地人比本地居民更乐意了解当地的老字号。“只是他们可以了解的渠道还是太少了——我们在欧洲拿到一份地图，上面都有老字号餐饮企业的推介，在广州却找不到任何标识。”广州大学教授、广东老字号专家委员会委员马洁呼吁，广州的旅游业应对老字号等本土商业文化进行更多的提炼和传播，有利于城市整体形象的发展。

对此，广东老字号协会秘书长范依萍表示，随着社会关注的升温，“老字号街区”的构思也正在得到政府的重视。她透露，12月28日，越秀区北京路北段的“广州老字号一条街”将举行开街仪式，包括广州酒家、王老吉在内的多家老字号将进驻开店。这一举措将为老字号重新走向市民生活，在城市找到更广阔的空间起到促进作用。

发展密码：雄心

让“字号”变“资本”　应对时代挑战

在忆述老字号往昔铸造的辉煌成就之余，嘉宾们都不约而同地将目光投向老字号企业今天出现的困境：一方面受到自身产品制作和传播方式的局限而逐渐与市场化、产业化的时代脱节；另一方面由于老顾客的故去使一些老字号也悄然失掉原有的生机活力。

“在走向电子商务的时代，老字号还想单靠老产品、老顾客、老情怀走下去是肯定不行的，老字号在方方面面都需要进行突破。”广州尚知咨询顾问机构总经理劳毅波说。

“面对很多老字号的消亡，我们是有责任的。”广东财经大学流通经济研究所所长、广东省商业联合会专家委员会主任王先庆对老字号存在的问题直言不讳。他认为，与全国很多地方相比，广东老字号在品牌意识、管理制度和商业知识上都出现了明显的滞后。

“老字号本身并不等于品牌。只有当‘字号’变为‘资本’，老字号的经济价值才能充分发挥出来。”王先庆认为，这一转化过程往往意味着要走上资本化、市场化、品牌化、连锁化的道路。

一些不符合市场规律的盲目操作也阻碍了老字号的品牌发展。广药集团副总经理刘菊妍就对制药行业曾经出现过的教训颇有感触：由于缺乏个性化发展思路，老字号都不约而同地扎堆做凉茶，结果不仅忽视了自身品牌的内涵发掘，还背离了传统中医文化的辩证精神，反而不利于广药品质和口碑的维持。

“破译百年老店的文化密码，其实也为我们带来反思：老字号的意义到底在哪里？社会究竟赋予老字号怎样的价值？”刘菊妍认为，在坚持科技创新的同时，质量管理更为重要。“我们要反思当初这些药业的元老凭借怎样的心怀去创业，我们就知道自己应当坚守的是一颗‘济世心’。”

“老字号需要创新，但创新并不等于变化。社会变了，但老字号不变，这本身也是一种创新。”中山大学中国非物质文化遗产研究中心副主任宋俊华则观察到，西方有许多百年老店至今同样坚持自己的传统品质，并没有盲目随时代潮流变化。“其实，当我们谈‘老字号’的时候，更多就是侧重他们在不变层面的价值，足以让他们历久弥新。”他认为，目前关键是要将这些价值用当代的语言重新发掘，焕发它的生命力。

“作为老字号，我们只有在坚守企业的伦理底线、保证产品安全的基础上，勇于向市场出击，将遗产转化为资产，这样才能让老字号成为真正的‘百年老店’。”广州酒家集团总经理助理赵利平总结道。

声音

省委宣传部副部长顾作义：破译百年老店密码　助推商业发展

》广东省委宣传部副部长顾作义

胡春华书记提出，要保护好广东的近现代文化，加大对广东的历史文化资源的保护力度。保护岭南商业文明是保护岭南文化的一种做法。海上丝绸之路始于广东，广东是千年商都，商业历来都很发达。过去我们对岭南文化不够重视，对岭南的商业符号挖掘得也还不够，挖掘岭南文化，也是一种保护。

培育和提升新型商业文明，特别在当下经济环境下，市场经济要健康发展，如果企业没有一种新的商业伦理支撑是不行的。百年老店能够延续几代人，经历上百年后仍能够健康发展，其中是有奥秘的，他们的商业追求、价值追求、伦理道德以及技术方面等，对当下商业文明发展具有指导意义。

破译百年老店的文化密码有助于推动商业产业发展。很多人可能还不知道老字号，而通过宣传之后，消费者对于老字号有了知晓，这对消费有推动作用。另一方面从产业角度看，企业形象也得到提升。因此，通过开展系列报道，对岭南文化传承、对市场商业的发展都有重要意义。

南方报业传媒集团党委书记、管委会主任、董事长莫高义：总结广东商业文化　助推文化强省

广东商道源远流长，从秦汉开通海上丝绸之路以来就开始了。党的十八届三中全会明确指出要推进丝绸之路的发展，广东独具特色的商业文明也迎来了新的发展机遇，特别是百年老字号再次焕发青春。

百年老店所传承的独特产品、精湛技艺和经营理念，具有不可估量的品牌价值、经济价值和文化价值。百年老店承载着优秀的中华民族文化，是新时期开展诚信兴商、弘扬商业文明的宝贵财富。广东的老字号都积聚着多年来的文化沉淀，百

》南方报业集团党委书记、管委会主任、董事长莫高义

年老店一方面具有鲜明的中华民族传统文化背景和深厚的文化底蕴，同时也见证着广东商业历史的变迁。

支撑百年老店存在的是文化，胡春华书记的重要讲话，为广东百年老店的传承与创新指明了方向。挖掘广东百年老店的发展历程，总结广东商业文化的成功之道，对于广东文化强省建设和经济社会进一步协调发展，都具有重要意义。“广东商道•破译百年老店文化密码”是南方报业传媒集团宣传贯彻党的十八届三中全会精神，为广东建设经济强省、文化强省吹氧助燃的重要举措。

省经信委商贸服务业处处长陈夫：老字号不“触电” 发展会遇瓶颈

目前，广东省被认定“中华老字号”的企业一共有57家，这个数字相比上海、江浙一带少很多，每年前来申报的也不是很多。广东省老字号协会评定的“广东老字号”也只有38家。

》广东省经信委商贸服务业处处长陈夫

老字号如何发展？从企业层面有三个方面要关注，第一，要解决好“传承”问题，很多老字号企业只是停留在传统家族式的生产模式。“怎么传承下去”是需要关注的一个方面。第二，要关注老字号的改革，广东老字号的特点是小，发展动力很差，他们在发展过程中是否有通过兼并、整合、重组引进技术资金管理等方式来激活发展。第三要创新，创新指的是鼓励引进现代流通方式，

比如发展连锁经营、加盟店等，而不是停留在传统做法上。

广东老字号同样面临着转型升级，在提高现代化、使用信息化手段方面应着力。比如在推进信息化方面，现在很多老字号采用的电脑都很简陋，在这一方面投入比较小。

我提供一些数据，2012年全国电子商务的交易额已经达到8.1万亿元，广东1.5万亿元，占全国的18.5%。在昨日召开的广东电子商务会议上获悉，现在网购占了传统零售市场份额的6.2%，并每年以6000亿元的额度增加，增长的速度在30%以上。广东老字号不“触电”似乎已经不行了，目前实体店与网购长期并存的格局已经形成，而且网购的份额非常大，如果传统企业不抓住机遇，未来发展就会遇到瓶颈。

文/欧志葵　杨逸　牛思远　甘韵矾　图/吴伟洪

业界专家纵论百年老店生存发展之道

以诚信为本，真正“走出去”

2014年5月30日，在《南方日报》成功推出《广东商道•破译百年老店文化密码》大型系列报道的基础上，百年老店发展座谈会暨第二批“广东老字号”授牌大会在广州保利世贸博览馆举行。此次活动由广东省商务厅担任指导单位，南方报业传媒集团、中国商业联合会中华老字号工作委员会联合主办，南方日报社、广东省老字号协会共同承办。会后，广东省老字号协会在现场授予了广州食品有限公司等25家企业第二批“广东老字号”荣誉称号。

广东省委宣传部副部长、省精神文明办主任顾作义，南方报业传媒集团副总编辑、南方日报社总编辑王更辉，南方报业传媒集团副总编辑王垂林，中共广东省委

》百年老店发展座谈会暨第二批“广东老字号”授牌大会上，与会专家展开热烈对话

宣传部文艺处处长许永波，广东省商务厅市场规划与建设处处长罗房枢，中国商业联合会中华老字号工作委员会副主任姜俊贤，广东省老字号协会会长李辉等相关单位领导，以及来自学界专家和业界企业代表济济一堂，纵论百年老店生存之道，挖掘百年老店文化内涵，探寻百年老店发展方向。

在广东省委宣传部指导下，自2013年12月开始，《南方日报》启动了《广东商道•破译百年老店文化密码》大型系列报道，集中呈现了20家以“中华老字号”为主的广东百年老店发展历程。系列报道刊发后，读者反响强烈，也引起了社会各界对广东百年老店的强烈关注，南方报业传媒集团和南方日报社联合广东省老字号协会等单位随即共同举办此次百年老店发展座谈会暨第二批“广东老字号”授牌大会。该系列报道还直接促成了2014中华老字号博览会暨旅游嘉年华首次落地广东，实现了报道“由虚入实”，把报纸影响力化为实实在在的经济推动力，起到了文化和经济互相促进、共同提升的作用。

会上，顾作义在致辞中对上述系列报道给予了高度评价。他指出，该组报道是省委宣传部去年组织的广东历史文化系列报道之一，亮点多，有深度。特别重要的是，这组报道还把广东人敢为人先、诚实守信、遵纪守法、达济天下的商业精神和商业文明进行了深度的阐述，是对广东商业文明一次很好的总结。

王更辉在会上介绍了《广东商道•破译百年老店文化密码》系列报道推出的背景和创新形式，并透露了下一步的全媒体传播计划。

此外，来自学界和业界的嘉宾通过主题演讲和沙龙座谈，对百年老店的文化传承和未来发展进行了深入研讨。

座谈会主持人

肖文舸　南方日报经济新闻部记者

嘉宾

宋俊华　中山大学中国非物质文化遗产研究中心常务副主任

姜俊贤　中国商业联合会中华老字号工作委员会副主任

曾文标　广州广之旅国际旅行社股份有限公司投资管理总部总经理

巫辉南　广州王老吉大健康产业有限公司党委副书记、纪检书记兼行政中心总经理

看过去　寻基因
百年老店成功的文化基因何在？
诚信成就基业常青

主持人：百年老店之所以能够传承这么多年，并能持续不断发展，需要具备哪些基因？其中最重要的是什么？

曾文标：广之旅至今已有30年历史，成为百年老店是我们的目标。一直以来，诚信是广之旅最根本的经营宗旨，旅游业本身是一个服务业，和其他老字号企业相比，我们服务业是无形的。为此，在标准方面我们做很多工作，比如服务监控、操作流程，从省的标准、地方标准甚至全国的标准，在服务业当中我们应该是领先的，将无形的服务以标准为体系，以有形的标准做无形的服务，这是我们的一个宗旨。

巫辉南：老字号都是靠诚信立业、诚信经营起家的。作为一家走过风风雨雨186年的中华老字号品牌——王老吉，之所以能够创造一个又一个营销上的新奇迹，成为价值高达1080亿的民族品牌，正是我们坚持把诚信经营的企业文化作为王老吉企业的核心竞争力之一。事实上，近年来在商业环境日新月异的大背景下，正是靠诚信立业，用诚信经营，王老吉不仅在品牌营销业绩上赢得越来越多消费者的支持和肯定，也获得国家、省、市有关部门颁发的多个诚信经营相关的奖项和荣誉。

姜俊贤：中国的老字号1956年前就已有认定，由于历史演变，相关部门认定的老字号大概是1120多家，但不管餐饮、医药，或工艺美术，都有一个共同特点，就是要讲诚信。在中国的老字号当中，诚信是一个非常突出的表现，正因为它以诚信为本，所以才得到消费者认可，才能够生存百年，甚至千年。

宋俊华：诚信的建立要有基础，过去我们是熟人社会，违背诚信要付出代价。但在今天，商家所面临的是五湖四海的人，人际关系发生很大变化，这个时候我觉得诚信的确保是非常关键的。

论当下　辩思路
“变”与“不变”怎么平衡？
做专做精打造口碑

主持人：老字号怎样既能保持原来传统的东西，又能适应现代人需求？企业怎样衡量、看待“变”与“不变”？

曾文标：一个企业“变”与“不变”不是绝对的，“不变”更多的是企业本身的基因，包括企业精神、企业理念、企业商道，这么多老字号之所以能成为老字号，不单纯是它存在的历史悠久，而且也是他们对某一个理念的坚持。消费者的需求上是不断变化的，我觉得企业都要有一个品牌战略，品牌之下根据消费者需求做品牌的差异化、多元化、系列化，也就是品牌战略的细分，我们有高端定制化品牌、亲子游品牌、工商游品牌等等，“变”更多是市场的变化，“不变”是对理念品质的追求不变。

姜俊贤：作为老字号，如何把握“变”与“不变”的辩证关系，确实是非常迫切、非常现实的，但同时又是非常难把握的一件事情。

很多老字号不适合扩大规模，比如说传统的手工艺可能更适合做精、做高端，坚持手工操作方式，但是产品一定要适合现代人的需求，所以要选择一个适合自己企业发展方向，选择适合自己的顾客群，“不在于做多大，而在于能够做多久”，这才是企业生存之道。

宋俊华：老字号做专做精，这对现代企业来说是一个启示。现在很多中国企业很浮躁，如果老是跟风，最终会把自己的优势丧失掉。为什么大家很喜欢一些老字号，就是专、精打造了口碑。老字号要保常青，传承和创新非常重要，但传承和创新不一定是把老祖宗的产品、技术发展好，所谓创新其实有两个含义：一是过去没有的产品创新了，或者过去有的、自己的产品发生变化；另外一个创新是环境变化，而自己保持不变，不变也是一种创新。

谈未来　谋发展
老字号如何走向全球？
民族的才是世界的

主持人：目前“出海”的老字号比较少，老字号如何才能顺利走出去？

巫辉南：信赢天下，王老吉一直坚持着老字号应该负起诚信经营的民族品牌责任，始终恪守诚信经营原则，在生产上坚持近乎苛刻的原料工艺标准，在营销上坚持致力维护品牌声誉。同时，从传统中医药里脱胎而出的凉茶产业也是一个科技推动性产业，自主创新能力更佳，能调动科技和人才资源，品牌和产品也将在市场上更有竞争力。2013年6月王老吉联手诺贝尔奖得主正式开展凉茶国际标准研究，以权威地位为凉茶行业建立知识产权保护屏障，为凉茶行业的国际化打响前战。

曾文标：从我们企业来讲，“走向世界”也是我们的一个战略，我们战略本身就定在“深耕珠三角、覆盖华南、辐射全国、走向世界”，我们到了世界190多个国家，在世界有超过1000家合作伙伴。老字号面上看是一种商号、商品，真正走出去要把它看成一种文化，老字号里面有很多的故事、传奇和经营之道，把这个特色向世界介绍，把商品内涵展现给他们，有一句话说，“民族的才是世界的”。

姜俊贤：我们的老字号代表的是民族品牌，能不能走向国际市场是和国家综合实力紧密相关，和中国在国际上的定位及中国影响力紧密相关。我相信中国文化、中国品牌在国际市场的接受度大大提升，我们应该抓住这个机会。

老字号要走出国门，还与企业自身的实力、营销手段、市场定位，甚至和国外大的财团、企业的合作都有很重要的关系。另外，还要和当地人密切合作。老字号近十年来得到很好的恢复和发展，现在有部分老字号已经走向海外。

声音

中共广东省委宣传部副部长、省精神文明办主任顾作义：百年老店要与现代制度接轨

《广东商道•破译百年老店文化密码》系列报道深入挖掘广东老字号背后的传奇故事、发展历程、发展理念。这些老字号展现了广东商道敢为人先、开放包容的特点，体现出诚实守信、遵纪守法、达济天下的商业精神。我们在解读广东商道时，既要“往回看”，从老字号的发展历史里寻找中华优秀传统之根；更要“往前看”，探究百年老店如何与现代企业制度、现代科技接轨的问题，使老字号企业重新焕发生机活力，在新的起点上走向世界。我们今后将通过多种传播途径，做好老字号的宣传推介工作，继续引导老字号建设博物馆与展览馆，作为旅游和科普基地。

南方报业传媒集团副总编辑、南方日报社总编辑王更辉：全媒体发力寻找老字号常青基因

从去年12月开始，《南方日报》在省委宣传部的指导下，推出了《广东商道•破译百年老店文化密码》大型系列报道。报道以百年老店的价值传承和文化传承入

手，挖掘百年老店的成长基因，并结合当前全球商业新趋势，探讨老字号未来的发展方向，提炼出老字号企业对于当下广东社会经济的启示和借鉴意义。为了更好宣传这些老字号企业，《南方日报》也创新了报道形式。在报道之初就从网上征集民意，遴选报道对象，并在互联网上推出“微访谈”视频，读者可在手机上通过扫描二维码收看节目。下一步，我们将计划推出有关“百年老店”的微电影产品和图书产品，在探寻广东商业文明孕育发展的历史规律和文化精髓的同时，也为当下传统媒体的转型发展寻找突破。

中国商业联合会中华老字号工作委员会副主任姜俊贤：实现“中国梦”离不开老字号的振兴

自秦汉海上丝绸之路开通以来，广东作为始发地和通商大港，铸就了开放与包容的商业文明，孕育了一大批中华老字号企业，在我国的经济与文化发展中占有重要地位。中华老字号是中华民族品牌的代表。十八大明确提出要实现伟大的“中国梦”，其中也离不开每个人、每个企业和每个城市的自身追求。中华民族的伟大复兴，离不开民族品牌的振兴，也离不开老字号的振兴。本次活动对振兴广东老字号问题的探讨，不但有助于推动这些老字号企业今后的发展，也为全国老字号起到积极的引领作用。

附录　第二批“广东老字号”企业授牌名单（25家）

广州风行牛奶有限公司、广东燕塘乳业股份有限公司、广州食品企业集团有限公司、广州积士佳食品有限公司、广州市金葫芦凉茶有限公司、广州广高高压电器有限公司、广州市人民印刷厂股份有限公司、广东顺德黄但记食品有限公司、佛山市顺德区李禧记辉蹦砂食品制造有限公司、佛山市顺德区大良仁信牛奶店、佛山市三水区酒厂有限公司、广东珠江桥生物科技股份有限公司、中山市三才医药连锁有限公司、石岐区金生生记茶庄、东莞市李全和麦芽糖食品厂、东莞市邓福记食品有限公司、广东省东莞电机有限公司、潮州市湘桥区包记食品厂、潮州市枫溪区源兴炳记陶艺厂、潮州市祥记吴锦全手拉壶艺术研究所、广东长乐烧酒业股份有限公司、广东省龙川县饼食糖果厂、阳江十八子集团有限公司、广东省肇庆市香满源食品有限公司、廉江市安铺华强实业有限公司。

文/牛思远　欧志葵　彭琳　杨逸　金婧　图/吴伟洪

后记

解读广东商道
要“回头看” 更要“往前看”

从2013年年底开始，《南方日报》推出了《广东商道•破译百年老店文化密码》大型系列报道，以20家广东“百年老店”为典型案例，梳理广东老字号企业的商业成就，破译其延续百年的文化密码。

在半年多的时间里，这一系列报道获得了良好的社会反响。23篇报道、多个视频访谈、两场座谈会和一部主题宣传片，掀起了一股追捧老字号的热潮，更直接促成了2014中华老字号博览会首次落地广东。

在岭南大地，值得人们关注的老字号企业远不止这20家。他们过人的经营之道，优秀的文化基因，也有待进一步的挖掘。随着“21世纪海上丝绸之路”成为国家战略，广东作为海上丝绸之路的始发地与千年商都，其独具特色的商业文化将迎来新的发展机遇。无论是传承久远的老字号企业，还是矢志成为百年老店的新一代粤商，都面临着转型升级、加速发展的又一个重要节点。

中山大学中国非物质文化遗产研究中心常务副主任宋俊华就指出，过去广东的老字号企业大多缺乏自我包装的意识，此次借助权威媒体进行宣传，可以推动老字号品牌的传播，让消费者更了解老字号，了解粤商文化。“从更高的层面来看，该系列报道对当下岭南文化发展，尤其是文化产业发展也有很大意义。”宋俊华说，除了让消费者更了解老字号企业与粤商文化，让老字号企业更好地反思认识自身，对文化产业从业者来讲，也可将其作为文化创意产业发展的资源，从中获得一些信息。“老字号不仅仅是传统的，将来也有可能成为时尚，与我们的时尚生活融合起来。”

广东省老字号协会秘书长范依萍也表示，众多广东的百年老店在数百年的发展历程中，经历无数的辉煌与磨难，至今仍欣欣向荣。但由于广东老字号企业大多务实低调、埋头做事，这也使外界对很多百年老店了解不多，认识不深。每一个老字号，都是一块闪闪发光的金字招牌，都有着别人不可复制的核心竞争力。通过这样的报道会激发老字号企业意识到，不要一味地看重经济效益，品牌也是非常重要的。而从更大的范围而言，这一系列报道的意义还不只限于老字号企业。“可以说，这个系列报道为以后广东涌现更多百年老店提供了非常有益的经验和参考。”

或许，正如中共广东省委宣传部副部长、省精神文明办主任顾作义在百年老店发展座谈会上所言，我们在解读广东商道时，既要“往回看”，从老字号的发展历史里寻找中华优秀传统之根；更要“往前看”，探究百年老店如何与现代企业制度、现代科技接轨的问题，使老字号企业重新焕发生机活力，在新的起点上走向世界。